テック TECC

Test of Communicative Chinese

中国語コミュニケーション能力検定

精選過去問題集 全3回

CD2枚付き

中国語コミュニケーション協会 編

まえがき

　TECCは1000点満点のスコアによって、中国語の実践的なコミュニケーション能力を測るテストです。級別ではなく、一つのテストによって、すべてのレベルの学習者の力を測定します。つまり物差しは一つです。

　また、結果スコアの算出にはテスト理論の世界的標準とみなされている「項目応答理論」を用いています。それゆえ、TECCは「中国語におけるTOEIC」と呼ばれています。

　本書は、実際に過去において実施されたTECCの問題を収録しております。しかし、そのままのかたちではなく、東方書店刊『TECC実践過去問題集』(2002年) を組み替え、実践的な模擬問題集としたもので、問題は3回分を収録しています。

　組み替え、再構成にあたっては、各問題に付与されているデータ、すなわち「項目応答理論」から導かれた識別度や難易度を考慮し再編してあります。したがって、これらの実践問題を解くことは、TECCの公開試験を受けているのと同じ効果が期待できます。

　本書を大いに活用され、みなさんが中国語のコミュニカティブな能力を高められますよう、切にお祈り申し上げます。

中国語コミュニケーション協会代表
相原　茂

目　次

まえがき　ii
中国語コミュニケーション能力検定　スコアの意味　iv
中国語コミュニケーション能力検定　実施要領　v

I　問題編

第1回
第1部：基本数量問題 1　　第2部：図画写真問題 2　　第3部：会話形成問題 10　　第4部：会話散文問題 13
第5部：語順問題 17　　第6部：補充問題 18　　第7部：語釈問題 21　　第8部：読解問題 23

第2回
第1部：基本数量問題 31　　第2部：図画写真問題 32　　第3部：会話形成問題 40　　第4部：会話散文問題 43
第5部：語順問題 48　　第6部：補充問題 49　　第7部：語釈問題 52　　第8部：読解問題 54

第3回
第1部：基本数量問題 63　　第2部：図画写真問題 64　　第3部：会話形成問題 72　　第4部：会話散文問題 75
第5部：語順問題 79　　第6部：補充問題 80　　第7部：語釈問題 84　　第8部：読解問題 86

II　解答・解説編

第1回
第1部：基本数量問題 94　　第2部：図画写真問題 98　　第3部：会話形成問題 108　　第4部：会話散文問題 120
第5部：語順問題 138　　第6部：補充問題 140　　第7部：語釈問題 150　　第8部：読解問題 158

第2回
第1部：基本数量問題 178　　第2部：図画写真問題 182　　第3部：会話形成問題 192　　第4部：会話散文問題 204
第5部：語順問題 224　　第6部：補充問題 226　　第7部：語釈問題 236　　第8部：読解問題 244

第3回
第1部：基本数量問題 268　　第2部：図画写真問題 272　　第3部：会話形成問題 282　　第4部：会話散文問題 294
第5部：語順問題 312　　第6部：補充問題 314　　第7部：語釈問題 324　　第8部：読解問題 332

リスニング問題を解くヒント　350
リーディング問題を解くヒント　352

中国語コミュニケーション能力検定　スコアの意味

　TECC のスコアは「どの位のコミュニケーション能力があるのか」を明確に示す指標になっています。スコアはそれに対応する A～F までの 6 つのレベルに分類され、到達能力が具体的に定義されています（表参照）。つまり、単に何点だったという抽象的な意味ではなく、TECC のスコアは膨大な検証データに裏付けられた具体的能力の意味を示す指標となっているのです。

　毎回のスコアが同じ意味を持つように、結果データに対して「等化」という処理を行っています（注）。これは最新のテスト結果データと、蓄積されている過去のデータを同一の尺度に揃えるための計算処理です。この等化によって、スコアが毎回同一の尺度により表示されるため、時系列的に個人や組織などでのスコア比較が可能になります。単純に、どの問題が何点という計算はできません。

　TECC の結果スコアは、受験時点での実力を正確に反映するスコアなので、より高いレベルにステップアップするための学習計画を立てる指針とすることができます。また、学習効果を測定する際の目安としても利用することができます。

A 900～1000 点	中国語の専門家は 900 点以上	**中国語の専門家はこのレベル！**	ノンネイティブとして充分なコミュニケーションができるレベル。微妙なニュアンスの理解・伝達ができ、あらゆる生活の場面で不自由のないレベル。
B 700～899 点	海外赴任は 700 点以上	**海外で活躍したい人はこのレベル！**	表現は豊かになり、不自由なく日常でのコミュニケーションができる。専門分野の学習をすれば、ビジネス上の交渉・説得も可能なレベル。海外赴任は 700 点が目安。
C 550～699 点	日本国内の中国語業務は 600 点以上、中文専攻の 4 年生は 670 点以上	**仕事で使えるレベル！**	日常会話の必要を満たし、限定された範囲内でのビジネス上のコミュニケーションもできるレベル。600 点なら国内の中国関連業務に従事可能。中文専攻の 4 年生は 670 点を目標に。
D 400～549 点	第 2 外国語の 2 年生は 400 点以上	**簡単な日常会話レベル！**	簡単な依頼や買い物、旅行など、特定の場面や限定的な範囲でのコミュニケーションができるレベル。
E 250 点～399 点		**挨拶レベルから卒業できる！**	基本的な事項の確認や自分の意思を伝えられるレベル。相手が配慮してくれる場合は、ある程度の会話もできる。
F 0～249 点		**ステップアップの第一歩！**	挨拶はある程度でき、日常生活の基本単語が聴いてわかるレベル。会話や文章に重点を置いた学習を始めたい。

　（注）スコアは総合スコア、リスニングスコア、リーディングスコアの 3 種類が表示されますが、等化は総合スコアのみで行っています。リスニングスコアとリーディングスコアはその回のテストの得点比を知るための参考データです。

中国語コミュニケーション能力検定　実施要領

名称：　　　　　「中国語コミュニケーション能力検定」

　　　　　　　　（略称：TECC　Test of Communicative Chinese）

開発：　　　　　中国語コミュニケーション協会

実施：　　　　　中国ビジネス交流協会

実施時期：　　　毎年7月、12月の年2回実施

実施方法：　　　公開会場での全国一斉実施

実施会場：　　　全国主要都市

受験資格：　　　なし

試験方法：　　　マークシート方式

試験結果：　　　1000点満点スコア表示形式

試験結果返送：　試験実施後約1か月後に認定証と講評資料を送付

受験料：　　　　6,000円＋消費税

申込・問合せ先：中国ビジネス交流協会 TECC 検定実施事務局

　　　　　　　　受付時間：日曜・祝日・年末年始を除く 12:00～21:00

　　　　　　　　〒108-0072　東京都港区白金 1-29-4　TNK ビル 5F

　　　　　　　　TEL：03-5793-7055

　　　　　　　　FAX：03-5793-7474

I　問　題　編

- 実施時間は 80 分間、合計 140 問です。
- 解答はすべて「4つの選択肢の中から最も適当な選択肢1つを選択する」という四肢択一式で、解答用紙の所定の欄にマークするマークシート方式です。
- 問題は、「リスニング問題」、「リーディング問題」の2部構成になっており、リスニング問題 70 問（35 分間）、リーディング問題 70 問（45 分間）が、合計 8 種類の問題形式で出題されます。

〈問題形式〉	リスニング問題［70問］35分間		リーディング問題［70問］45分間	
	第1部　基本数量問題	（10問）	第5部　語順問題	（10問）
	第2部　図画写真問題	（20問）	第6部　補充問題	（20問）
	第3部　会話形成問題	（20問）	第7部　語釈問題	（20問）
	第4部　会話散文問題	（20問）	第8部　読解問題	（20問）

- リスニング問題は、問題番号が中国語で読まれます。それぞれの問題の選択肢または問題文をすべて読み終わると、合図として信号音が鳴ります。
- 解答は、設問番号と同じ番号の解答欄にマークしてください。

■■■ 第 1 回 ■■■

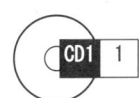

【第1部】基本数量問題

CDを聴いて、それが表しているものをA～Dの選択肢から選び、その記号をマークしなさい。音声は2回繰り返します。

1　A　No. 0718
　　B　No. 0184
　　C　No. 7018
　　D　No. 1048

2　A　10 件
　　B　10 年
　　C　10 点
　　D　10 天

3　A　890 元
　　B　8.90 元
　　C　8.09 元
　　D　0.89 元

4　A　5:50
　　B　5:56
　　C　6:04
　　D　6:10

5　A　1999 年 10 月
　　B　1967 年 7 月
　　C　1979 年 11 月
　　D　1967 年 1 月

6　A　1/8
　　B　1/10
　　C　1%
　　D　100%

7　A　160cm
　　B　164kg
　　C　164g
　　D　160km

8　A　5371-8436
　　B　5377-1843
　　C　5391-2863
　　D　2319-8463

9　A　80,303
　　B　73,003
　　C　73,030
　　D　83,303

10　A　3
　　B　9
　　C　18
　　D　63

🎧CD1 2 【第2部】図画写真問題

11から30までのそれぞれの図画や写真に対して、A～Dの4つの説明が読まれます。その中から最も適当なものを選び、その記号をマークしなさい。

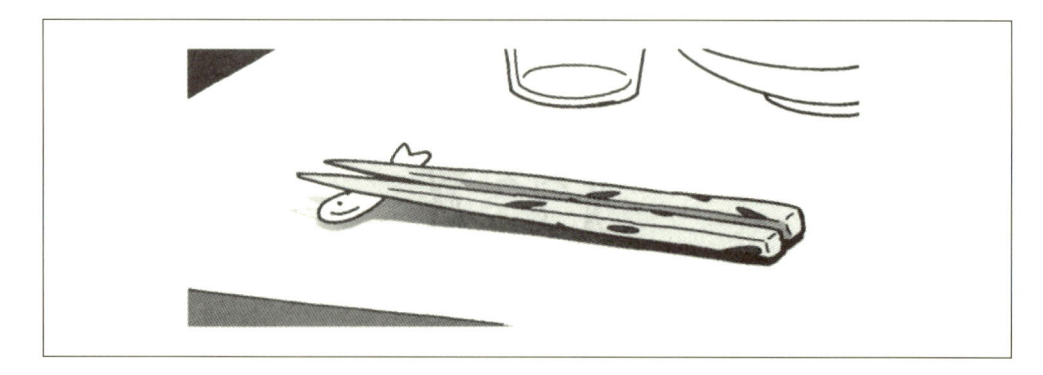

11

12

13

14

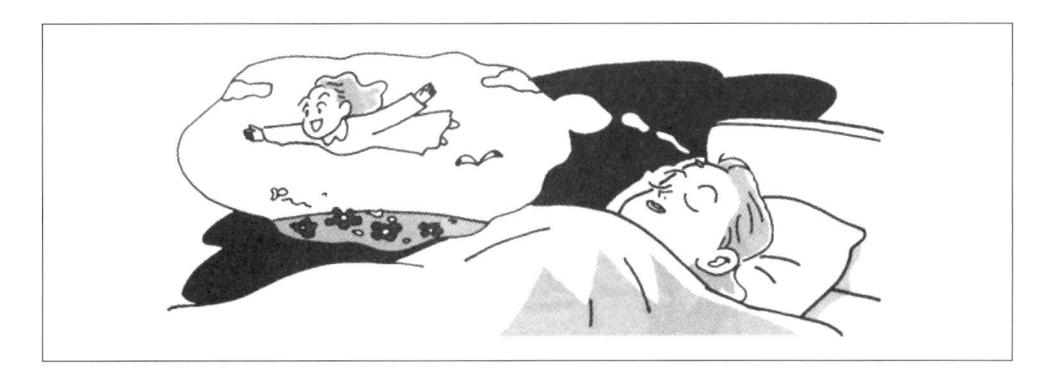

15

16

17

18

19

20

21

22

第1回

23

24

6

25

26

27

28

29

30

【第3部】会話形成問題

31から40まで、それぞれ甲乙男女二人の会話です。甲の発音の次に、乙の返答として最も適当なものをA～Dの選択肢から選び、その記号をマークしなさい。

31　甲：　你孩子是哪年出生的？
　　乙：　A　　　B　　　C　　　D

32　甲：　你汉语说得不错嘛。
　　乙：　A　　　B　　　C　　　D

33　甲：　您哪儿不舒服？
　　乙：　A　　　B　　　C　　　D

34　甲：　你喜欢什么运动？
　　乙：　A　　　B　　　C　　　D

35　甲：　来一斤半水饺。
　　乙：　A　　　B　　　C　　　D

36　甲：　没票的乘客请买票。
　　乙：　A　　　B　　　C　　　D

37　甲：　请问，软卧在第几节车厢？
　　乙：　A　　　B　　　C　　　D

38　甲：　这封信要贴多少钱的邮票？
　　乙：　A　　　B　　　C　　　D

39　甲：　这里不是北京饭店，您打错了。
　　乙：　A　　　B　　　C　　　D

40　甲：　今天让你辛苦一天，晚上我来请客。
　　乙：　A　　　B　　　C　　　D

41から50まで、それぞれ甲乙男女二人の会話です。この会話の続きとして、甲が発音する最も適当なものをA～Dの選択肢から選び、その記号をマークしなさい。

41　甲：　星期天晚上有空儿吗？
　　乙：　有，你什么事儿？
　　甲：　A　　　　B　　　　C　　　　D

42　甲：　请问，标准房间一天多少钱？
　　乙：　120美元。
　　甲：　A　　　　B　　　　C　　　　D

43　甲：　请问，你们那儿可以托运行李吗？
　　乙：　可以。
　　甲：　A　　　　B　　　　C　　　　D

44　甲：　请问，你们这儿有中日词典吗？
　　乙：　卖完了，你过两天再来吧。
　　甲：　A　　　　B　　　　C　　　　D

45　甲：　如果你想在外边儿吃饭，附近就有一家好吃的饭馆儿。
　　乙：　是吗？离这儿有多远？
　　甲：　A　　　　B　　　　C　　　　D

46　甲：　劳驾，我要换钱。
　　乙：　换多少？
　　甲：　A　　　　B　　　　C　　　　D

47　甲：　这个怎么卖？
　　乙：　16块一斤。
　　甲：　A　　　　B　　　　C　　　　D

48　甲：　这是哪儿呀，我都不认识了。
　　乙：　车站。怎么样，变化大吧？
　　甲：　A　　　　B　　　　C　　　　D

49 甲： 我想喝一杯热咖啡。
    乙： 你放不放牛奶和糖？
    甲： A   B   C   D

50 甲： 今天正赶上放假，所以路上车堵得厉害。
    乙： 十点半的飞机来得及吗？
    甲： A   B   C   D

【第４部】会話散文問題

以下の会話あるいは散文を聴いて、それぞれの問いに対する最も適当なものをA～Dの選択肢から選び、その記号をマークしなさい。

CDを聴いて、51の問いに対する最も適当なものをA～Dの選択肢から選び、その記号をマークしなさい。

51　男的要去什么地方？
　　A　前门。　　　　　　　　B　王府井。
　　C　故宫。　　　　　　　　D　火车站。

CDを聴いて、52から54までの問いに対する最も適当なものをA～Dの選択肢から選び、その記号をマークしなさい。

52　顾客喝什么？
　　A　啤酒。　　　　　　　　B　白酒。
　　C　乌龙茶。　　　　　　　D　汽水。

53　哪个菜是服务员推荐的？
　　A　麻婆豆腐。　　　　　　B　辣子鸡丁。
　　C　青椒肉丝。　　　　　　D　花生米。

54　顾客点了什么主食？
　　A　牛肉面。　　　　　　　B　馒头。
　　C　米饭。　　　　　　　　D　饺子。

CDを聴いて、55から56までの問いに対する最も適当なものをA～Dの選択肢から選び、その記号をマークしなさい。

55　男的在看什么节目？
　　　A　电视剧。　　　　　　　　　B　球赛。
　　　C　电影。　　　　　　　　　　D　新闻。

56　女的要求男的做什么？
　　　A　把声音关小一点儿。　　　　B　把电视关上。
　　　C　换个频道。　　　　　　　　D　先吃饭，再看电视。

CDを聴いて、57から58までの問いに対する最も適当なものをA～Dの選択肢から選び、その記号をマークしなさい。

57　谁要入学？
　　　A　这位男士。　　　　　　　　B　这位女士。
　　　C　一位日本人。　　　　　　　D　女士的朋友。

58　这位男士拿到了什么？
　　　A　入学通知。　　　　　　　　B　学校介绍。
　　　C　一些钱。　　　　　　　　　D　长期签证。

CDを聴いて、59から60までの問いに対する最も適当なものをA～Dの選択肢から選び、その記号をマークしなさい。

59　这儿是什么地方？
　　　A　公司。　　　　　　　　　　B　派出所。
　　　C　医院。　　　　　　　　　　D　百货商场。

60　女的想干什么？
　　　A　买东西。　　　　　　　　　B　看病人。
　　　C　谈生意。　　　　　　　　　D　打电话。

CDを聴いて、61から63までの問いに対する最も適当なものをA～Dの選択肢から選び、その記号をマークしなさい。

61　现在谈的是什么问题？
　　A　给谁送礼物。　　　　　　　　B　送什么礼物好。
　　C　在哪儿买礼物。　　　　　　　D　托谁送礼物。

62　现在是什么时候？
　　A　暑假前。　　　　　　　　　　B　春节。
　　C　年末。　　　　　　　　　　　D　一月一日。

63　这个人是什么意见？
　　A　什么也不买。　　　　　　　　B　应该去北京买。
　　C　请日本朋友买。　　　　　　　D　可以考虑买挂历。

CDを聴いて、64から65までの問いに対する最も適当なものをA～Dの選択肢から選び、その記号をマークしなさい。

64　王老师的女儿是：
　　A　小学生。　　　　　　　　　　B　初中生。
　　C　高中生。　　　　　　　　　　D　大学生。

65　这是什么课？
　　A　语法课。　　　　　　　　　　B　写作课。
　　C　口语课。　　　　　　　　　　D　体育课。

CDを聴いて、66から67までの問いに対する最も適当なものをA～Dの選択肢から選び、その記号をマークしなさい。

66 为什么播放这个通知？
  A　一个男孩儿走丢了。 B　有人拣到了钥匙。
  C　有人病了，要找医生。 D　有人拾到了公文包。

67 事情发生在什么地方？
  A　公园里。 B　电影院里。
  C　火车上。 D　售票处。

CDを聴いて、68から70までの問いに対する最も適当なものをA～Dの選択肢から選び、その記号をマークしなさい。

68 广播里在找谁？
  A　小女孩儿。 B　小男孩儿。
  C　工作人员。 D　孩子的妈妈。

69 这是什么地方的广播？
  A　游泳池。 B　公园。
  C　百货商店。 D　车站。

70 被找的人有什么特点？
  A　穿着绿夹克。 B　戴着太阳镜。
  C　穿着牛仔裤。 D　戴着白帽子。

【第5部】語順問題

71から80まで、それぞれの語句を後の文中に挿入する場合に、最も適当な位置をA〜Dの中から選び、その記号をマークしなさい。

71 可以： 小李，A 我 B 用 C 一下 D 你的自行车吗？

72 才： 我以为他是 A 日本人呢， B 现在 C 知道 D 他是中国人。

73 我们： 他也 A 教 B 过 C 汉语 D 。

74 放着： A 我的大衣 B 在 C 箱子里 D 呢。

75 把： 我 A 还没 B 这课课文 C 学好，我还要 D 念几遍。

76 起： 他摘下 A 一片树叶 B ，吹 C 一支动听 D 的曲子。

77 从： 他 A 是 B 九月 C 一号 D 日本来的。

78 一切： 这 A 都 B 是 C 我们 D 应该做的。

79 一眼： 她 A 生气地 B 瞪了那 C 家伙 D 。

80 是： 在某些人看来， A 计划生育 B 政策 C 一无 D 处。

【第6部】補充問題

81から92までの（　）に挿入する語句として、最も適当なものをA～Dの選択肢から選び、その記号をマークしなさい。

81　车站（　　）前边儿。
　　A　有　　　　B　在　　　　C　离　　　　D　走

82　我去邮局买几（　　）邮票和几个信封。
　　A　片　　　　B　封　　　　C　张　　　　D　块

83　除了北京以外，他（　　）个地方也没去过。
　　A　什么　　　B　哪儿　　　C　哪　　　　D　怎么

84　这本书我看了三天了，还没看（　　）。
　　A　过　　　　B　完　　　　C　成　　　　D　到

85　小姐，我要一瓶啤酒，还要两（　　）饺子。
　　A　节　　　　B　只　　　　C　串　　　　D　份

86　这种服装款式新颖，很（　　）消费者欢迎。
　　A　收　　　　B　取　　　　C　得　　　　D　受

87　这个电影你（　　）想看第三遍吗？
　　A　还　　　　B　再　　　　C　不仅　　　D　更

88　这次进修的计划已经定（　　）了。
　　A　下来　　　B　起来　　　C　上来　　　D　过来

89　她这个人太（　　）了，从来不听别人的意见。
　　A　自以为是　　　B　自言自语　　　C　自知之明　　　D　自顾不暇

90　今天我要考五（　　）课。
　　A　门　　　　　　B　班　　　　　　C　类　　　　　　D　篇

91　（　　）下这么大雨，我（　　）要去。
　　A　尽管……还是……　　　　　　　B　不管……都……
　　C　既……又……　　　　　　　　　D　无论……就……

92　我只不过说说（　　），你何必当真呢？
　　A　来着　　　　　B　着呢　　　　　C　的了　　　　　D　罢了

93から96までの（　）に挿入する語句として、最も適当なものをそれぞれ（　）内の番号に対応するA～Dの選択肢から選び、その記号をマークしなさい。

先将茶具（ 93 ）沸腾的开水冲洗加温后，放入适量茶叶，（ 94 ）以沸水冲泡（ 95 ）可。放一次茶叶，可依个人喜爱连续冲泡数次。使用陶制茶具冲泡，风味（ 96 ）佳。

93	A 由	B 用	C 于	D 给
94	A 再	B 又	C 还	D 也
95	A 是	B 系	C 正	D 即
96	A 更加	B 更	C 进一步	D 并且

97から100までの（　）に挿入する語句として、最も適当なものをそれぞれ（　）内の番号に対応するA～Dの選択肢から選び、その記号をマークしなさい。

在饭馆，一个顾客要了一盘猪肉，服务员送来时，他说颜色不好，服务员给他换了一只鸡。（ 97 ）他把鸡吃完了，站起来就（ 98 ）走，服务员（ 99 ）他要钱，他说："我吃的鸡不是用猪肉换的吗？"服务员说："那猪肉也没（ 100 ）呀！"他马上回答："我没吃猪肉呀！"说完，就得意地走了。

97	A 一块儿	B 一点儿	C 一边儿	D 不一会儿
98	A 要	B 会	C 能	D 可以
99	A 给	B 跟	C 对	D 替
100	A 攒钱	B 找钱	C 交钱	D 挣钱

【第7部】語釈問題

101 から 120 までの文中の下線部の語句の意味として最も適当なものを、A〜D の選択肢から選び、その記号をマークしなさい。

101 老两口总是和和气气的，看了让人羡慕。
  A 俩老头儿 B 老年夫妻 C 老姐俩儿 D 老邻居

102 孩子说将来要当大夫。
  A 大官儿 B 作家 C 律师 D 医生

103 他的汉语说得真不错。
  A 好 B 不好 C 不行 D 差

104 你别着急，我去打听一下。
  A 问 B 听 C 说 D 做

105 得了吧，谁都知道你爱吹牛！
  A 讲好话 B 发牛脾气 C 吵吵闹闹 D 说大话

106 大家都夸他很能干。
  A 讨厌 B 讨论 C 吹捧 D 称赞

107 你们公司一个月的薪水是多少？
  A 工资 B 产量 C 奖金 D 开支

108 上海南方商场开张后，实行了会员制。
  A 扩大 B 开始装修 C 开放 D 开始营业

109 婚礼上，来了许多亲友。
  A 亲热的老友 B 亲密的朋友 C 亲戚和朋友 D 亲信和好友

110 我在路上<u>几乎</u>摔倒。
　　A 差点儿　　　B 好几次　　　C 一下子　　　D 不在乎

111 看东西看久了我的眼睛就有点儿<u>花</u>。
　　A 有神　　　　B 发痒　　　　C 模糊迷乱　　D 流眼泪

112 才干了两天他就觉得<u>吃不消</u>了。
　　A 不消化　　　B 吃不下　　　C 受不了　　　D 吃不了

113 他这个人太老实，容易<u>吃亏</u>。
　　A 吃苦　　　　B 受累　　　　C 受损失　　　D 挨饿

114 看样子那个人好像有<u>牢骚</u>。
　　A 不满　　　　B 前科　　　　C 主意　　　　D 困难

115 你这辈子算是被他<u>坑</u>了。
　　A 害　　　　　B 救　　　　　C 贬低　　　　D 埋

116 抽烟时，要先让一让别人，不然别人会觉得你<u>小气</u>。
　　A 小心　　　　B 没胆量　　　C 吝啬　　　　D 气量小

117 完成这个任务，我们都有<u>把握</u>。
　　A 信心　　　　B 理解　　　　C 办法　　　　D 要点

118 我至今还<u>不时</u>想起当时的情景。
　　A 忽然　　　　B 偶然　　　　C 经常　　　　D 偶尔

119 这是什么<u>玩艺儿</u>？
　　A 东西　　　　B 笑话　　　　C 玩具　　　　D 艺术

120 请向上级单位<u>反映</u>一下这些问题。
　　A 反应　　　　B 汇报　　　　C 传达　　　　D 响应

【第8部】読解問題

次の文章を読み、121 から 122 までの問いに対して最も適当なものを、A～Dの選択肢から選び、その記号をマークしなさい。

飞飞："龙龙，为什么母鸡的腿这么短呢？"

龙龙："这还不懂，要是母鸡的腿长，下蛋的时候鸡蛋不就摔坏了吗？"

121 龙龙说话时的口气怎么样？
   A 很犹豫。
   B 很有把握。
   C 很放心。
   D 很担心。

122 对飞飞提出的问题龙龙的回答是：
   A 他也不知道。
   B 母鸡的腿不能那么长。
   C 腿越长越好看。
   D 母鸡不下蛋了。

次の文章を読み、123 から 125 までの問いに対して最も適当なものを、A〜Dの選択肢から選び、その記号をマークしなさい。

中国邮政标志颜色的由来

中国邮政为什么用绿色作为标志色呢？说来也有个过程。

汉朝时，驿卒的头巾和衣袖都用红色。唐朝的民间传说中，将传递信息的鹦鹉称为"绿衣使者"，这是绿色最早与通信结合。

清代海关试办邮政时规定邮差制服为黑色，直到 1881 年，海关税务司又规定，邮务供事在值班时应穿下列制服：灰色或蓝色的裤子，蓝色并钉有海关纽扣的上褂，加上海关制帽。清政府开办国家邮政之后，明确规定黄、绿两色适用于"信筒、信箱、各种邮车、邮船以及除牌匾外其他观瞻所系的器具"，但邮政员工服装的颜色仍为蓝色。

中华邮政时期，信差与邮差的服装颜色不尽相同。"一战"结束后，邮政员工服装的颜色逐渐统一为深蓝色。直到邮政权收回后，邮政当局认为，绿色代表平安、和平，邮政可以沟通人类思想感情及文化，有促进世界和平之功能，所以邮政员工的服装颜色才一律使用绿色。

新中国成立以后，人民邮政认为绿色象征和平、青春、茂盛与繁荣，所以依然使用绿色作为标志色，邮递员被人民群众亲切地称为"绿衣使者"。总之，从古代的红色到近代的黑色、蓝色，最终到绿色，颜色的变迁反映了时代的进步和社会的发展，记录了邮政员工的辛勤劳动，也寄寓了群众对人民邮政的信任和期望。

123 "绿衣使者"原来是指：

  A 一种鸟

  B 驿卒

  C 信差

  D 邮车

124 历史上与中国邮政毫无关系的颜色是：

  A 红色

  B 黄色

  C 黑色

  D 橙色

125 绿色的象征意义之一是：
A 快捷
B 亲切
C 健康
D 和平

次の文章を読み、126 から 128 までの問いに対して最も適当なものを、A〜D の選択肢から選び、その記号をマークしなさい。

老李今年 52 岁，在一家工厂烧锅炉，有 30 多年的工龄了。妻子提前退休，每月拿 600 元的退休金。一个儿子大学毕业后刚刚参加工作，家中三口人没有吃闲饭的。这一家人的工资收入在工薪阶层属于中上等的水平，而且花钱最多的时候已经过去了，夫妻两人身体也没什么大病，按说老两口应该吃点喝点穿点，好好享受了吧？可两人还是照样省吃俭用，舍不得花钱。

126 不符合文章内容的是：
A 儿子大学刚毕业，不是待业青年。
B 老李已经退休。
C 老李的老伴儿已经不工作了。
D 他们全家人都有收入。

127 老两口的生活方式如何？
A 节约用钱。
B 大吃大喝。
C 尽情享受。
D 穷奢极欲。

128 "吃闲饭"的意思是：
A 吃很多饭。
B 吃剩饭。
C 只吃饭不做事，没有经济收入。
D 节假日在外面吃饭。

次の文章を読み、129 から 132 までの問いに対して最も適当なものを、A～Dの選択肢から選び、その記号をマークしなさい。

　　平时帮顾客做头发的时候，他们都向我打听，有没有什么护理头发的秘诀。其实很简单，只要你把头发当成皮肤一样经常清洁细心护理，就会变得很漂亮。特别对于那些追求时髦的女孩子来说，经常洗发是很重要的。就像《诗芬》的高品质，既不给头发和头皮伤害，又会使头发更漂亮。国内的很多女孩子喜欢尝试不同品牌的洗发露，而在许多发达的西方国家，追求时髦往往就是选定一个品牌，很少更换。不然的话，头发和头皮就会因为要不断适应新的刺激而受伤，同时这也正是时尚个性的最好体现。

　　　　　　　　　　　　　　　　　　北京西单美容城　　　院长：孙术燕

129　来美发厅的客人常常问什么？
　　　A　有没有好的洗发露？
　　　B　应该怎么样护理头发？
　　　C　西方女孩子怎么样护理头发？
　　　D　需不需要追求时髦？

130　护理头发的秘诀是什么？
　　　A　追求时髦。
　　　B　经常保持干净。
　　　C　定期请美发师做头发。
　　　D　经常更换洗发露。

131　国内女孩子的护发跟西方国家的有什么不同？
　　　A　国内女孩子经常洗头发。
　　　B　国内女孩子只选定一个品牌。
　　　C　国内女孩子试用各种牌子的洗发露。
　　　D　国内女孩子看不起西方国家的女孩子。

132　选定一个品牌对护发有什么好处？
　　　A　可以表现个人固有的风格。
　　　B　可以学会美发师的技术。
　　　C　可以减少对头发的刺激。
　　　D　可以节省美发费用。

次の文章を読み、133 から 136 までの問いに対して最も適当なものを、A～Dの選択肢から選び、その記号をマークしなさい。

　　近年来，随着经济收入和生活水平的提高，许多农民的消费观念悄然发生了变化，花明天的钱享受今天的生活观念已被越来越多的人所接受。银行适时推出贷款消费业务，这样不仅为自身和商家带来便利，也顺应了农民的消费需求。去年 9 月份以来，农行津南支行推出了住房贷款、助学贷款等一系列贷款项目，截至目前共办理 70 余笔，金额达 800 多万元。该行与当地月坛商厦签订大额耐用品消费贷款后，购买电脑、音响、手机的人四成以上是贷款消费，许多寻常百姓因此圆了电脑梦、手机梦。一位刚刚办理完汽车消费贷款的男子说："敢花明天的钱，证明我们对今后农村发展充满了信心。"

133　"消费观念悄然发生了变化"是指什么？
　　A　为"明天"的生活而存款的农民越来越多了。
　　B　农民越来越不敢花钱了。
　　C　有多少钱花多少钱。
　　D　通过银行贷款满足自己的物质需求。

134　月坛商厦售出的电脑、手机有多少是贷款消费？
　　A　大多数是通过贷款买的。
　　B　一半是通过贷款。
　　C　全是通过贷款买的。
　　D　将近一半是通过贷款买的。

135　以下商品中，文中没有提到的是：
　　A　电脑。
　　B　手机。
　　C　音响。
　　D　摩托车。

136　与本文内容不相符的是：
　　A　银行积极推行购物贷款。
　　B　银行贷款业务扩大了。
　　C　农民的收入没有变化。
　　D　经济的发展使农民的消费观念有了改变。

次の文章を読み、137 から 140 までの問いに対して最も適当なものを、A～Dの選択肢から選び、その記号をマークしなさい。

　　手边这只精巧的呼机陪着我好几年了。刚买来的那会儿，还算新鲜，可后来就不拿它当回事了。前些日子买了手机以后，还差点把它弄丢了。
　　那天晚上，在朋友家喝酒聊天到九点多钟，然后骑车匆忙往回赶。酒后"驾车"跌跌撞撞地摸进了家门，一杯茶下肚清醒后发现那个"宝贝"不见了。
　　我打电话问朋友，朋友说不在他家，然后他安慰我说："丢了就算了吧，现在丢了东西就别指望找回来了。"我告诉他，关键是<u>耽误</u>事，这两天业务正忙着哩！咳，真倒霉！
　　情急之下，我想出了最后一招。因为是数字机，只能显示来电号码，这么晚了，如果我连续急呼几遍，"拾金不昧"者便会立即和我联系，要是拒不回电，我也就死心了。
　　于是，连续呼了几遍，等了半天都没回音，我的心便凉了半截。
　　临近午夜，我决定最后再呼一遍，要是再没希望，就只好去补办一个。
　　这次耳边终于响起了清脆的电话铃声。
　　"喂，您好！"我的声音在颤抖。
　　"你好，是不是你的呼机掉了，我……"
　　那一夜我激动得难以入眠。

137　那天晚上同朋友喝完酒回家时发生了什么事？
　　　A　我的宝石不见了。
　　　B　我的呼机找不到了。
　　　C　我的手机弄丢了。
　　　D　我把呼机忘在朋友家了。

138　"耽误"的发音是：
　　　A　tānwū
　　　B　dǎngwù
　　　C　tángwǔ
　　　D　dānwu

139 那一夜我为什么难以入眠？

　　A　因为这两天业务很忙。

　　B　因为我死心了。

　　C　因为我在朋友家喝多了。

　　D　因为心情难以平静。

140 这篇文章要告诉我们的是什么？

　　A　人间自有真情在。

　　B　不要酒后驾车。

　　C　呼机没用了。

　　D　丢了东西找不回来了。

MEMO

■■■ 第 2 回 ■■■

【第1部】基本数量問題

CDを聴いて、それが表しているものをA〜Dの選択肢から選び、その記号をマークしなさい。音声は2回繰り返します。

1　A　7月7日星期一
　　B　7月9日星期二
　　C　9月6日星期三
　　D　9月7日星期四

2　A　2:10
　　B　2:15
　　C　2:01
　　D　2:45

3　A　42.2元
　　B　42.02元
　　C　422元
　　D　4.22元

4　A　2000年11月
　　B　2001年10月
　　C　2007年1月
　　D　2001年4月

5　A　317页
　　B　307页
　　C　347页
　　D　371页

6　A　24km
　　B　24m
　　C　24kg
　　D　24g

7　A　7050
　　B　7005
　　C　7500
　　D　7505

8　A　1/47
　　B　1/74
　　C　74%
　　D　47%

9　A　14.40元
　　B　44.40元
　　C　14.04元
　　D　40.40元

10　A　降价7%
　　 B　降价30%
　　 C　降价70%
　　 D　降价3%

CD1 6 【第2部】図画写真問題

11から30までのそれぞれの図画や写真に対して、A～Dの4つの説明が読まれます。その中から最も適当なものを選び、その記号をマークしなさい。

11

12

13

14

15

16

17

18

19

20

21

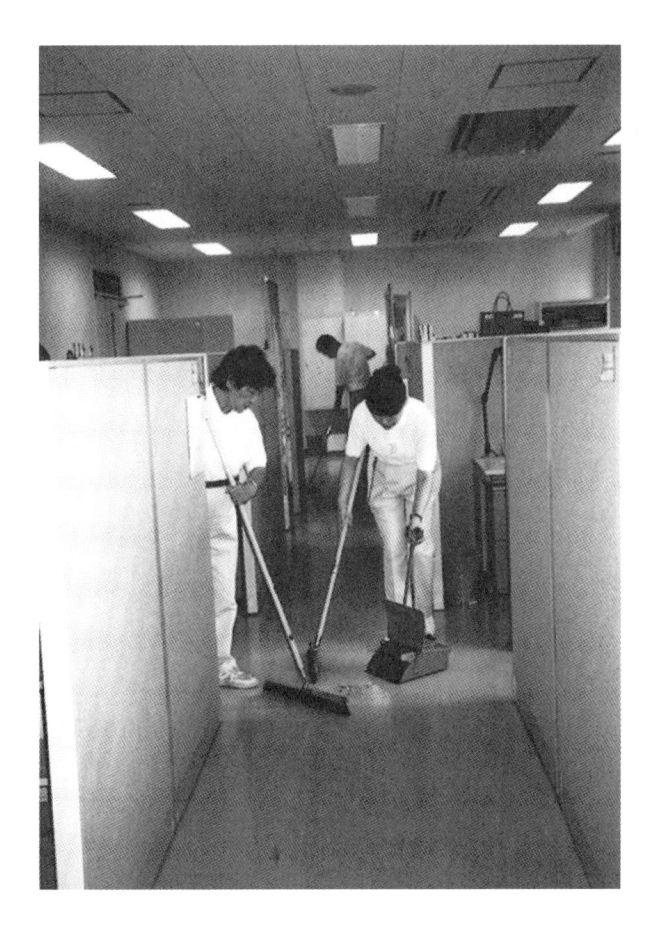

22

23

24

25

26

27

28

29

30

CD1 7 【第3部】会話形成問題

　31 から 40 まで、それぞれ甲乙男女二人の会話です。甲の発音の次に、乙の返答として最も適当なものをA～Dの選択肢から選び、その記号をマークしなさい。

31　甲：　请问，这儿有人吗？
　　乙：　A　　　B　　　C　　　D

32　甲：　现在几点了？
　　乙：　A　　　B　　　C　　　D

33　甲：　你等我半天了吧？
　　乙：　A　　　B　　　C　　　D

34　甲：　小姐，这本汉语教材带磁带吗？
　　乙：　A　　　B　　　C　　　D

35　甲：　你来点儿什么饮料？
　　乙：　A　　　B　　　C　　　D

36　甲：　听说你们公司待遇不错。
　　乙：　A　　　B　　　C　　　D

37　甲：　小姐，劳驾给我看一下那件衣服。
　　乙：　A　　　B　　　C　　　D

38　甲：　别忘了明天早上五点叫醒我。
　　乙：　A　　　B　　　C　　　D

39　甲：　这个办法行得通吗？
　　乙：　A　　　B　　　C　　　D

40　甲：　你期末考试考得怎么样？
　　乙：　A　　　B　　　C　　　D

41から50まで、それぞれ甲乙男女二人の会話です。この会話の続きとして、甲が発音する最も適当なものをA～Dの選択肢から選び、その記号をマークしなさい。

41　甲：　喂，请问黄先生在吗？
　　乙：　黄先生要到10点以后才能来公司。
　　甲：　A　　　B　　　C　　　D

42　甲：　时间不早了，我该走了。
　　乙：　还早呢。你再坐一会儿吧。
　　甲：　A　　　B　　　C　　　D

43　甲：　火车会不会晚点？
　　乙：　很难说。
　　甲：　A　　　B　　　C　　　D

44　甲：　到了安定门车站，还要倒车吗？
　　乙：　要，再换地铁。
　　甲：　A　　　B　　　C　　　D

45　甲：　你最近是不是去旅游了？
　　乙：　是啊，我去了趟北京，昨天才回来。
　　甲：　A　　　B　　　C　　　D

46　甲：　请问，有绍兴酒吗？
　　乙：　有，要多少？
　　甲：　A　　　B　　　C　　　D

47　甲：　您穿上试试。
　　乙：　嗯，这双稍微紧了点儿。
　　甲：　A　　　B　　　C　　　D

48　甲：　请问，在哪儿拿行李？
　　乙：　你是坐哪个航班来的？
　　甲：　A　　　B　　　C　　　D

49　甲： 你带照相机来了吗？
　　乙： 啊，我忘了。
　　甲：　　A　　　B　　　C　　　D

50　甲： 我是从中国来的。
　　乙： 从中国什么地方来的？
　　甲：　　A　　　B　　　C　　　D

【第4部】会話散文問題

以下の会話あるいは散文を聴いて、それぞれの問いに対する最も適当なものをA～Dの選択肢から選び、その記号をマークしなさい。

CDを聴いて、51から52までの問いに対する最も適当なものをA～Dの選択肢から選び、その記号をマークしなさい。

51 女的忘了带什么？
　　A　手提包。　　　　　　　　　　B　文件。
　　C　钱包。　　　　　　　　　　　D　钥匙。

52 女的是怎么来的？
　　A　打的来的。　　　　　　　　　B　坐公共汽车来的。
　　C　骑车来的。　　　　　　　　　D　走着来的。

CDを聴いて、53から54までの問いに対する最も適当なものをA～Dの選択肢から選び、その記号をマークしなさい。

53 佐藤有：
　　A　两个弟弟，一个妹妹。　　　　B　两个姐姐，一个弟弟。
　　C　两个弟弟，一个姐姐。　　　　D　两个哥哥，一个姐姐。

54 男士的妹妹是：
　　A　小学生。　　　　　　　　　　B　初中生。
　　C　高中生。　　　　　　　　　　D　大学生。

CDを聴いて、55から56までの問いに対する最も適当なものをA～Dの選択肢から選び、その記号をマークしなさい。

55 安藤是什么时候去中国的？
　　A　一年前。　　　　　　　　B　昨天。
　　C　上个星期。　　　　　　　D　上个月。

56 安藤去的是中国的哪个大学？
　　A　中山大学。　　　　　　　B　北京大学。
　　C　复旦大学。　　　　　　　D　南开大学。

CDを聴いて、57から58までの問いに対する最も適当なものをA～Dの選択肢から選び、その記号をマークしなさい。

57 谁要去美国留学？
　　A　小王的妻子。　　　　　　B　小王的丈夫。
　　C　小王的老师。　　　　　　D　小王的侄子。

58 签证什么时候批下来的？
　　A　去年。　　　　　　　　　B　最近。
　　C　前几年。　　　　　　　　D　昨天。

CDを聴いて、59から60までの問いに対する最も適当なものをA～Dの選択肢から選び、その記号をマークしなさい。

59 女的担心什么？
 A 张经理坐错了飞机。 B 张经理弄错了时间。
 C 张经理出了事。 D 张经理弄错了地方。

60 女的提出什么建议？
 A 再等三十分钟。 B 用广播找。
 C 确认一下航班和时间。 D 用手机跟张经理联系。

CDを聴いて、61から62までの問いに対する最も適当なものをA～Dの選択肢から選び、その記号をマークしなさい。

61 这趟班机将飞往什么地方？
 A 北京。 B 东京。
 C 洛杉矶。 D 巴黎。

62 在几号登机口登机？
 A A3。 B A13。
 C A23。 D A31。

CD を聴いて、63 から 65 までの問いに対する最も適当なものをA～Dの選択肢から選び、その記号をマークしなさい。

63 这里的"坐骑"是什么意思？
　　A　摩托车。　　　　　　　　B　自行车。
　　C　出租车。　　　　　　　　D　小轿车。

64 北京校园的有车族指的是：
　　A　开车上学的学生。　　　　B　坐出租车上学的学生。
　　C　骑自行车上学的学生。　　D　骑摩托车上学的学生。

65 从这篇文章中，我们可以知道：
　　A　在北京，骑摩托车上学是很新鲜的事。　B　北京很多学生坐出租车上学。
　　　　　　　　　　　　　　　　　　　　　D　开车上学的学生并不少见。
　　C　骑车上学的学生不算多。

CD を聴いて、66 から 67 までの問いに対する最も適当なものをA～Dの選択肢から選び、その記号をマークしなさい。

66 老刘买了一套多大的房子？
　　A　八十平方米左右。　　　　B　六十平方米左右。
　　C　一百平方米左右。　　　　D　一百二十平方米左右。

67 老刘买的房子怎么样？
　　A　买东西不方便。　　　　　B　离工作单位很近。
　　C　生活环境很好。　　　　　D　阳光很充足。

CDを聴いて、68から70までの問いに対する最も適当なものをA～Dの選択肢から選び、その記号をマークしなさい。

68 广播里说的活动是几号结束？
  A 5日。   B 7日。
  C 15日。   D 21日。

69 这是什么地方的广播？
  A 游乐园。   B 电器商店。
  C 百货商店。   D 饭店。

70 在这个活动期间折价出售的是：
  A 服装。   B 音乐光盘。
  C 空调。   D 手机。

【第5部】語順問題

71から80まで、それぞれの語句を後の文中に挿入する場合に、最も適当な位置をA～Dの中から選び、その記号をマークしなさい。

71　饿：　　　　晚上我没　A　吃晚饭　B　，　C　半夜　D　醒了。

72　教室：　　　老师　A　走　B　进　C　来　D　了。

73　多：　　　　我们学校　A　已经有一百　B　年的历史　C　，现在学生一共有五百个　D　人。

74　汉语：　　　她　A　说　B　得　C　很流利　D　。

75　会场：　　　代表们　A　走　B　出　C　来　D　了。

76　的：　　　　穿　A　红　B　衣服　C　是我　D　妹妹。

77　连：　　　　A　朋友　B　给她的信，　C　她　D　看也没看。

78　下：　　　　外面　A　雨　B　个　C　不停　D　。

79　怎么：　　　我　A　也　B　不明白　C　她到底　D　要说什么。

80　好：　　　　你　A　留个电话，到时候　B　我　C　通知你　D　。

【第６部】補充問題

81から92までの（　）に挿入する語句として、最も適当なものをA～Dの選択肢から選び、その記号をマークしなさい。

81　这儿的气候（　　）？
　　A　为什么　　　　B　有多少　　　　C　怎么　　　　D　怎么样

82　我去邮局买（　　）邮票。
　　A　条　　　　　　B　个　　　　　　C　张　　　　　D　片

83　这里不是游泳区，不（　　）游泳。
　　A　能　　　　　　B　会　　　　　　C　喜欢　　　　D　用

84　今天我（　　）不舒服。
　　A　一点儿　　　　B　一会儿　　　　C　有点儿　　　D　一些

85　你点了这么多菜，咱们（　　）吧？
　　A　吃不来　　　　B　吃不够　　　　C　吃不好　　　D　吃不了

86　黑板上的字太小，看不（　　）。
　　A　上　　　　　　B　好　　　　　　C　清楚　　　　D　起

87　累（　　）我一步也走不动了。
　　A　得　　　　　　B　了　　　　　　C　着　　　　　D　的

88　我是跟他开玩笑，可他（　　）生起气来了。
　　A　不仅　　　　　B　未免　　　　　C　才　　　　　D　却

89   明天有小测验，平时我不太用功，只好（　　）了。
　　　A　趁热打铁　　　B　临阵磨枪　　　C　坐立不安　　　D　大同小异

90   那些衣服不是颜色不合适（　　）式样不好，所以我一件也没买。
　　　A　也是　　　　　B　就是　　　　　C　还是　　　　　D　全是

91   他来北京以后（　　）了很多名胜古迹。
　　　A　旅行　　　　　B　旅游　　　　　C　观光　　　　　D　游览

92   我跟她只见了一次面，对她还不太（　　）。
　　　A　理会　　　　　B　明白　　　　　C　认识　　　　　D　了解

93から96までの（　）に挿入する語句として、最も適当なものをそれぞれ（　）内の番号に対応するA～Dの選択肢から選び、その記号をマークしなさい。

请注意，旅客同志们请注意，列车的前方，（ 93 ）到达天津东站了。有（ 94 ）天津东站下车、转车的旅客，请带（ 95 ）自己的行李和包裹，（ 96 ）下车。

| 93 | A 就要 | B 也许 | C 是 | D 正 |

| 94 | A 人 | B 在 | C 向 | D 的 |

| 95 | A 完 | B 来 | C 去 | D 好 |

| 96 | A 打算 | B 希望 | C 想要 | D 准备 |

97から100までの（　）に挿入する語句として、最も適当なものをそれぞれ（　）内の番号に対応するA～Dの選択肢から選び、その記号をマークしなさい。

＜日语速成知音＞

日语速成以提高会话能力为重点

● 本校实行小班制，由经验丰富的优秀教师任课。教材图文并茂，配合音响设备，采用深入浅出的自然学习法，不论是（ 97 ）都一学就会。一般每周三次，每次二小时，一个月（ 98 ），三个月修了。

● （ 99 ）人均可报名参加，（ 100 ）程度编班，学习时间灵活，优质服务，有清晨、白天、晚上、周末、寒暑假集中提高班等班级。

| 97 | A 谁 | B 学生 | C 老师 | D 哪儿 |

| 98 | A 显效果 | B 有效 | C 无效 | D 见成效 |

| 99 | A 任何 | B 一些 | C 何等 | D 那个 |

| 100 | A 从 | B 把 | C 在 | D 按 |

【第 7 部】語釈問題

101 から 120 までの文中の下線部の語句の意味として最も適当なものを、A～D の選択肢から選び、その記号をマークしなさい。

101　在中国手机的普及率也越来越高。
　　　A　BP 机　　　　B　电脑　　　　C　移动电话　　　D　游戏机

102　听说你快要办喜事了，祝贺你！
　　　A　结婚　　　　B　升官　　　　C　过生日　　　　D　毕业

103　给他发个伊妹儿就行了。
　　　A　电报　　　　B　传真　　　　C　电子邮件　　　D　国际快递

104　他是个有出息的青年。
　　　A　有前途　　　B　有财产　　　C　有声望　　　　D　有地位

105　听说小李跟一个大款结婚了。
　　　A　有权力的人　B　年纪大的人　C　有地位的人　　D　很有钱的人

106　你把今天的报纸搁哪儿了？
　　　A　放　　　　　B　装　　　　　C　入　　　　　　D　挂

107　门上写着："闲人免进！"
　　　A　没关系的人　B　没事儿的人　C　没工作的人　　D　有时间的人

108　我妈妈这几天总说我。
　　　A　谈论我　　　B　跟我讲话　　C　批评我　　　　D　告诉我

109　这个曲子真难听！
　　　A　听不懂　　　B　不好听　　　C　听不清　　　　D　不好唱

52

110　他没<u>工夫</u>参加我们的活动。
　　A　资格　　　　B　能力　　　　C　兴趣　　　　D　时间

111　等着<u>交钱</u>的人排着长队。
　　A　找钱　　　　B　取钱　　　　C　换钱　　　　D　付钱

112　听到这个消息他<u>吓了一跳</u>。
　　A　跳了一下　　B　吃了一惊　　C　摔了一跤　　D　叫了一声

113　连这个都拿不了，你也太<u>娇生惯养</u>了。
　　A　从小被宠爱纵容　　　　　　B　没有教养
　　C　从小就招人喜爱　　　　　　D　娇嫩小巧

114　我<u>恨不得</u>马上把这个消息告诉亲友和熟人。
　　A　不可能　　　B　非常想　　　C　不应该　　　D　不得不

115　都是一些<u>鸡毛蒜皮的事情</u>，不值得争吵。
　　A　无关紧要的事　B　吃喝玩乐的事　C　表面的事　　D　油盐酱醋的事

116　他是<u>搞</u>计算机的，不懂艺术。
　　A　贩卖　　　　B　从事　　　　C　实行　　　　D　生产

117　有时因为不了解当地的风俗也会<u>出洋相</u>。
　　A　出毛病　　　B　出事故　　　C　惹麻烦　　　D　闹笑话

118　他摔了一跤，<u>幸亏</u>没伤着筋骨。
　　A　恰巧　　　　B　好在　　　　C　好容易　　　D　差点儿

119　这位<u>不速之客</u>只颤抖着，什么也说不出来。
　　A　来晚的客人　　　　　　　　B　受惊的客人
　　C　有急事的客人　　　　　　　D　没被邀请的客人

120　<u>哪怕</u>一夜不睡，我也要把这本书看完。
　　A　就是　　　　B　既然　　　　C　尽管　　　　D　虽然

【第 8 部】読解問題

次の文章を読み、121 から 122 までの問いに対して最も適当なものを、A～Dの選択肢から選び、その記号をマークしなさい。

　　××抗病毒口服液由板蓝根、芦根、生地、知母、连翘等纯中药用科学方法精制而成。经中山医科大学附属第一医院临床验证，对上呼吸道炎、支气管炎、流行出血性结膜炎（俗称"红眼病"）、腮膜炎等的疗效优于同类药物，总有效率达 91.27%，尤其对病毒性流感和"红眼病"的疗效和预防疗效更为显著。

　　专家委员会鉴定："××抗病毒口服液，配方合理，服用方便，安全可靠，老少皆宜，疗效显著，无任何副作用。与西药相比其特点是长期服用不产生任何耐药性，是治疗病毒性疾患的理想药物。"

　　本品符合卫生部标准，达到国内先进水平，是居家旅行的必备良药。

　　口服，一日三次，一次两支，小儿酌减或遵医嘱。

121　从上文可以知道：
　　A　该药品主要适宜于老年人服用。
　　B　该药品中无西药成分。
　　C　该药品是一种治疗"红眼病"的眼药水。
　　D　该药品可用于外伤止血。

122　与上文内容相符的是：
　　A　该药可以给儿童服用。
　　B　该药只有长期服用才有疗效。
　　C　该药出售时须经中山医科大学批准。
　　D　该药购买时须有医生处方。

次の文章を読み、123 から 126 までの問いに対して最も適当なものを、A～Dの選択肢から選び、その記号をマークしなさい。

留　　言

国华友：

　　突然登门拜访，做了回不速之客。但很不巧，您出差去四川了。

　　自从年初打听到您的消息后，我就迫不及待地想与您见面，无奈广东距京遥远，来京机会难得，所以一直拖到现在。这次来京是为参加一个机床展销会，会议刚结束，我就匆忙赶来府上，不料您已出发两天了。

　　回想十二年前，大学毕业后，我们在同一家公司共事，那时我们朝夕相处，情同手足，共同渡过了六年的美好时光。您回北京后，我不久去了美国，期间中断了联系，直到年初才又得到了您的消息。

　　这次虽没能与您相见，但却见到了您的夫人和孩子。她们热情的招待令我感激不尽。希望明年春暖花开时，您携全家来广东故地重游，我将以东道主的身份热烈欢迎您！

江　川
八月六日

123　他们有多长时间没见了？

　　A　六年。

　　B　十二年。

　　C　一年。

　　D　半年。

124　江川这次来拜访国华是：

　　A　趁出差的机会。

　　B　特地来看他。

　　C　受到国华的邀请。

　　D　趁朋友聚会之时。

125 江川和国华是什么关系？

　　A　同一所学校的老师。

　　B　国华是江川的客户。

　　C　以前的同事。

　　D　师生关系。

126 下面哪句话的意思与本文不符？

　　A　江川拜访国华前没有告诉他。

　　B　江川曾去过美国。

　　C　他们曾在一起工作过。

　　D　江川一家去了四川。

次の文章を読み、127から129までの問いに対して最も適当なものを、A～Dの選択肢から選び、その記号をマークしなさい。

　　本报讯　今夏彩电特价战余波未平，由国家信息中心、上海市经委、市商委、市科委和中国电子视像行业协会主办的2000年上海彩电节，今天在上海商务中心家电城开幕。由于22个上海市著名中外彩电品牌全部参展，本届彩电节更引起业内人士与消费者的关注。
　　9月一般是彩电转入下半年销售旺季的开端，诸多厂商的新产品与促销手段均安排在此时出台。上海彩电节至今已成功举办了3届，这使9月份成为上海全年彩电销量最大、价格最低的月份。随着9月的到来，业内著名品牌全线登场，亮出该年最新品种、最低价格。
　　推进新技术是历年上海彩电节不变的主体内容，许多厂商视之为新技术走向市场的前哨。今年以"面向全球化的彩电消费"为主题，由20余家厂商提供的本年度最新产品将作实物和网上展示。加上同期举办的悉尼奥运会"火上浇油"，参展厂商谁也不肯错过这个商业良机。据悉，在为期1个月的彩电节中，将在每个双休日进行5个彩电品牌的广场特卖活动。

127　以下哪个是上海彩电节的主办单位之一：
　　A　上海市电子视像行业协会。
　　B　上海市科学技术委员会。
　　C　22个著名中外彩电厂商。
　　D　上海商务中心家电城。

128　文章中"火上浇油"的意思是：
　　A　使彩电价格上涨。
　　B　使会场秩序更加混乱。
　　C　给彩电销售提供了更好的场所。
　　D　更加刺激消费者购物心理。

129　与文章内容不符的是：
　　A　许多厂商都在9月推出他们新的销售方法。
　　B　这一年夏天许多彩电厂商曾纷纷降价展开商战。
　　C　这次举办的是第3届上海彩电节。
　　D　许多厂商把彩电节看作是披露新技术的理想场所。

次の文章を読み、130 から 133 までの問いに対して最も適当なものを、A～D の選択肢から選び、その記号をマークしなさい。

野生动物孤儿院

肯尼亚为所有失去双亲的野生动物的孤儿们修建了这个比家更温暖的"家"。

孤儿院每天中午和傍晚都向游人开放。每个小象孤儿都有一个男性"妈妈"，他们 24 小时伴随在小象身边。夜晚小象睡在草铺的"床"上，"妈妈"则睡在羽绒睡袋里。

中午，非洲毒辣辣的阳光会烤焦小象稚嫩的皮肤，"妈妈"就撑开阳伞给它遮阳。孤儿院里最小的小象只有 4 个月大，还没有独立生存的能力。每天"妈妈"都领着小象各处散步，帮助它们熟悉将来生活的环境。太阳最毒时，小象就回来洗泥塘澡。下午 5 点，太阳快落时，就回来喝牛奶。每头小象一次要喝掉 6 公升牛奶。

孤儿院的小象、小犀牛、小长颈鹿……长大了，能独立生活时就被送到旁边的国家野生动物公园。很多已经出去独自闯天下的孤儿还会"常回家看看"。它们有着和人一样的感激和思念，尽管这种情感还没被人类充分地理解。

130　一个男性"妈妈"指的是：
　　A　饲养员。
　　B　大象。
　　C　游客。
　　D　孤儿院。

131　小象晚上睡在哪里？
　　A　睡袋里。
　　B　野生动物公园里。
　　C　草上。
　　D　"妈妈"家里。

132　孤儿长大后在哪里生活？
　　A　依然留在此地。
　　B　国家野生动物公园。
　　C　当初被发现的地方。
　　D　"妈妈"的身边。

133 下面哪句话的意思与本文不符？

A 孤儿院每天从早到晚向游人开放。

B 小象24小时都有人照顾。

C 小象每天都散步。

D 孤儿们长大了以后还常回来看看。

次の文章を読み、134から137までの問いに対して最も適当なものを、A～Dの選択肢から選び、その記号をマークしなさい。

　　本市西区的一对年轻夫妻挺有意思，两人平日分头分期各自购买彩票，在中了万余元的一等奖之后，共同建立"家庭购彩基金"，留作今后继续购买彩票的专用款。
　　据了解，这对夫妻喜欢购买体育彩票，并有约在先：只玩传统型，妻子周二买，丈夫周五投，谁最多都不能超过20元。这样下来，他们虽没中过大奖，但5元、20元的小奖却常有入帐。几天前丈夫花20元买了10张传统型玩法彩票，结果中了11856元的一等奖。夫妻俩到市体彩中心领奖后，当即表示用这笔钱建立"家庭购彩基金"，作为今后购买体育彩票专款，决不挪作它用。

134　这对夫妻的"家庭购彩基金"是在什么情况下建立的？
　　A　是一年前共同建立的。
　　B　中了一等奖之后建立的。
　　C　是丈夫自己建立的。
　　D　是妻子自己建立的。

135　夫妻俩一周共买几次彩票？
　　A　两次。
　　B　三次。
　　C　四次。
　　D　五次。

136　他们中一等奖的彩票是谁花多少钱买的？
　　A　是丈夫花20元买的。
　　B　是丈夫花10元买的。
　　C　是妻子花10元买的。
　　D　是妻子花20元买的。

137　他们打算怎样使用"家庭购彩基金"？
　　A　用来改善生活。
　　B　用来买电脑。
　　C　只用来买彩票。
　　D　用来外出旅游。

次の文章を読み、138 から 140 までの問いに対して最も適当なものを、A～D の選択肢から選び、その記号をマークしなさい。

在今年高校毕业生就业活动中，教师职业成为热门。北京记者从日前召开的暑期北京高校领导干部会上获悉，今年北京高校毕业的就业率与往年基本持平。80.5％的高校毕业生找到了自己的发展之路：就业、出国考研究生。近年，普教教师成为学生择业的热门职业，北京市师范类毕业生首次出现了前所未有的待业现象。

首都师范大学的有关负责人告诉记者，今年与往年相比，愿意留在普教口当中小学教师的毕业生大大增加，99％的毕业生希望当教师，以前想方设法想跳出普教口的现象绝迹了。今年不光是师范生想当普教老师的多了，越来越多的普通高校的毕业生也把落脚点选在中小学校，不少硕士、博士研究生开始在重点中学择业。记者从北京各师范大学了解到，近年来第一志愿录取新生的比例在逐年提高。北京教师职业为何受宠？北京师范大学的成有信教授认为，北京等城市的教师培养已经向教师职业证书阶段过渡。他说，北京达到小康阶段后，由于教师待遇提高，教师队伍稳定，教师短缺问题得到缓解，已有一些高学历青年自愿到普教任教。

138　这是一篇：
　　A　新闻报道。
　　B　英雄故事。
　　C　旅游简介。
　　D　政府报告。

139　最近高校生毕业后，
　　A　希望考大学的学生越来越多。
　　B　想去中小学的人很少。
　　C　愿意在中小学工作。
　　D　99％的人都已经考上了研究生。

140　从这篇文章可以看出：
　　A　北京的教师待遇有所提高。
　　B　当中小学老师的比例达到80.5％。
　　C　高校毕业生都想方设法地跳出普教口。
　　D　今年北京中小学很缺教师。

MEMO

■■■ 第 3 回 ■■■

CD2 1 【第1部】基本数量問題

CDを聴いて、それが表しているものをA～Dの選択肢から選び、その記号をマークしなさい。音声は2回繰り返します。

1　A　4月16日
　　B　4月19日
　　C　10月16日
　　D　10月19日

2　A　上午5:35
　　B　下午5:45
　　C　上午6:15
　　D　下午6:45

3　A　2002年7月
　　B　2020年11月
　　C　2002年1月
　　D　2020年10月

4　A　315
　　B　345
　　C　715
　　D　775

5　A　5203-7295
　　B　5203-1255
　　C　5203-7195
　　D　5203-1295

6　A　9:50
　　B　9:10
　　C　8:50
　　D　10:09

7　A　2
　　B　6
　　C　8
　　D　12

8　A　40cc
　　B　19℃
　　C　49cc
　　D　29℃

9　A　77%
　　B　7/10
　　C　17%
　　D　7/17

10　A　30m
　　B　30㎡
　　C　30㎥
　　D　30km

【第2部】図画写真問題

11から30までのそれぞれの図画や写真に対して、A～Dの4つの説明が読まれます。その中から最も適当なものを選び、その記号をマークしなさい。

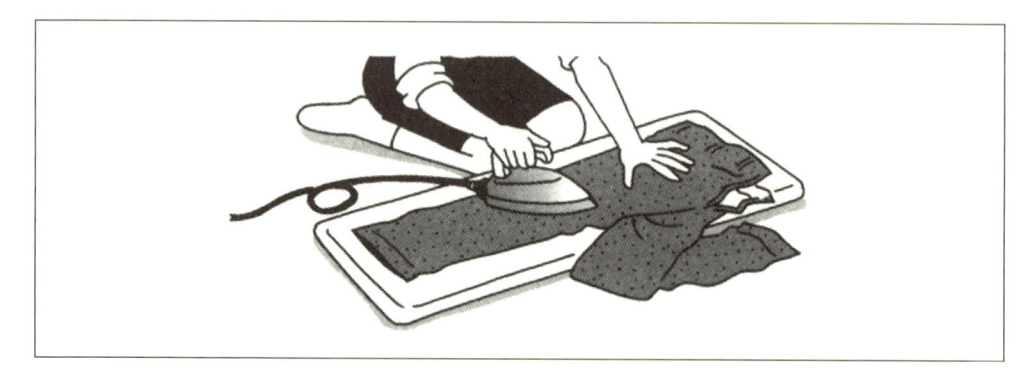

11

12

13

14

15

16

17

第3回

18

19

20

21

22

第3回

23

24

25

26

27

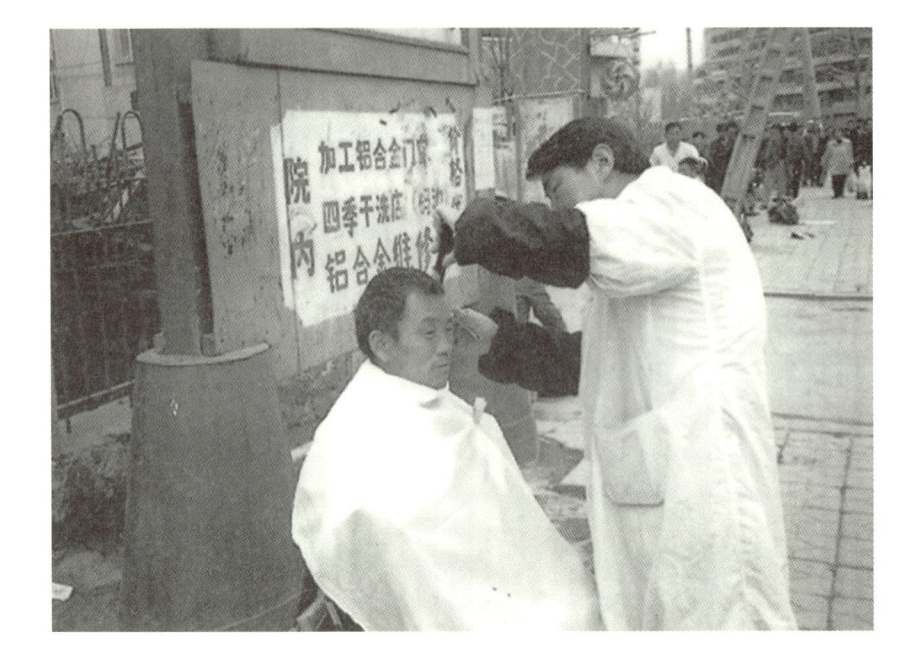

28

29

30

第3回

【第3部】会話形成問題

31から40まで、それぞれ甲乙男女二人の会話です。甲の発音の次に、乙の返答として最も適当なものをA～Dの選択肢から選び、その記号をマークしなさい。

31 甲： 去北京站坐几路车？
   乙： A   B   C   D

32 甲： 你教我日语，我教你中文，我们互教互学，怎么样？
   乙： A   B   C   D

33 甲： 请问，在房间里能打国际电话吗？
   乙： A   B   C   D

34 甲： 田中先生，您又来出差了？
   乙： A   B   C   D

35 甲： 快6点了，我得走了。
   乙： A   B   C   D

36 甲： 买两张去天津的车票。
   乙： A   B   C   D

37 甲： 给您添麻烦了。
   乙： A   B   C   D

38 甲： 今天会不会下雨？
   乙： A   B   C   D

39 甲： 麻烦你到了北京以后，把这本书交给小王好吗？
   乙： A   B   C   D

40 甲： 你帮了我这么大的忙，真不知怎么感谢你才好。
   乙： A   B   C   D

41から50まで、それぞれ甲乙男女二人の会話です。この会話の続きとして、甲が発音する最も適当なものをA～Dの選択肢から選び、その記号をマークしなさい。

41　甲：昨天天气预报说，今天傍晚有雨。
　　乙：是吗？不过现在天气可挺好的。
　　甲：　A　　　B　　　C　　　D

42　甲：师傅，我的表突然不走了。
　　乙：嗯，该换电池了。
　　甲：　A　　　B　　　C　　　D

43　甲：你的行李一共几件？
　　乙：三件，都在这儿呢。
　　甲：　A　　　B　　　C　　　D

44　甲：这个星期六我们去唱卡拉OK，怎么样？
　　乙：好啊，叫上小张他们一块儿去。
　　甲：　A　　　B　　　C　　　D

45　甲：师傅，去虹桥机场。
　　乙：今天这条路可堵车啊。
　　甲：　A　　　B　　　C　　　D

46　甲：哎，昨天北京队和上海队的足球比赛3比0，北京队赢了。
　　乙：怎么，上海队又输给北京队了？
　　甲：　A　　　B　　　C　　　D

47　甲：这首歌儿真好听。
　　乙：这是现在最流行的。
　　甲：　A　　　B　　　C　　　D

48　甲：我想要一个单人房间。
　　乙：非常抱歉，先生。单人房已经满了。
　　甲：　A　　　B　　　C　　　D

49　甲：　除了广东话，我还会说上海话。
　　乙：　你会说四川话吗？
　　甲：　A　　　B　　　C　　　D

50　甲：　这菜怎么这么咸哪？
　　乙：　对不起，我把盐当成糖放进去了。
　　甲：　A　　　B　　　C　　　D

【第4部】会話散文問題

以下の会話あるいは散文を聴いて、それぞれの問いに対する最も適当なものをA～Dの選択肢から選び、その記号をマークしなさい。

CDを聴いて、51から52までの問いに対する最も適当なものをA～Dの選択肢から選び、その記号をマークしなさい。

51 这位顾客现在在哪儿？
　　A　在银行。　　　　　　　　B　在机场。
　　C　在饭店。　　　　　　　　D　在百货商店兑换处。

52 今天1美元可以换人民币多少？
　　A　840元。　　　　　　　　B　80元4角。
　　C　100元。　　　　　　　　D　8元4角。

CDを聴いて、53から54までの問いに対する最も適当なものをA～Dの選択肢から選び、その記号をマークしなさい。

53 男的要找的人的职业是什么？
　　A　空姐。　　　　　　　　　B　司机。
　　C　医生。　　　　　　　　　D　售票员。

54 电话打到哪儿了？
　　A　百货公司。　　　　　　　B　航空公司。
　　C　电脑公司。　　　　　　　D　贸易公司。

CDを聴いて、55から56までの問いに対する最も適当なものをA～Dの選択肢から選び、その記号をマークしなさい。

55　他们在什么地方谈话？
　　　A　家里。　　　　　　　　　　B　值班室。
　　　C　宿舍。　　　　　　　　　　D　病房。

56　男的为什么要谢谢晶晶？
　　　A　因为送给他花了。　　　　　B　因为给他治病了。
　　　C　因为来看过他了。　　　　　D　因为送给他画了。

CDを聴いて、57から58までの問いに対する最も適当なものをA～Dの選択肢から選び、その記号をマークしなさい。

57　他们在哪儿谈话？
　　　A　火车上。　　　　　　　　　B　旅馆里。
　　　C　电影院里。　　　　　　　　D　行李存放处。

58　男的是来干什么的？
　　　A　旅行的。　　　　　　　　　B　送行的。
　　　C　取行李的。　　　　　　　　D　查票的。

CDを聴いて、59から60までの問いに対する最も適当なものをA～Dの選択肢から選び、その記号をマークしなさい。

59　女士现在在哪儿？
　　　A　饭馆儿。　　　　　　　　　B　车上。
　　　C　路上。　　　　　　　　　　D　车站。

60　男士正在做什么？
　　　A　等人。　　　　　　　　　　B　开车。
　　　C　吃饭。　　　　　　　　　　D　出差。

CDを聴いて、61から62までの問いに対する最も適当なものをA～Dの選択肢から選び、その記号をマークしなさい。

61 朋友看到墙上有什么？
  A 什么也没有。　　　　　　　　B 镜子。
  C 挂钟。　　　　　　　　　　　D 画框。

62 这是一张什么画儿？
  A 一张白纸。　　　　　　　　　B 牛在吃草。
  C 有牛没有草。　　　　　　　　D 有草没有牛。

CDを聴いて、63から65までの問いに対する最も適当なものをA～Dの選択肢から選び、その記号をマークしなさい。

63 田中一夫是什么时候到上海的？
  A 昨天晚上。　　　　　　　　　B 上个星期天。
  C 上个星期二。　　　　　　　　D 上个月二号。

64 田中给王敬带来了什么东西？
  A 录音带。　　　　　　　　　　B 录相机。
  C 化妆品。　　　　　　　　　　D 食品。

65 田中希望王敬做什么？
  A 明天来见他。　　　　　　　　B 带他去游览。
  C 给他打电话。　　　　　　　　D 在家等他。

CDを聴いて、66から67までの問いに対する最も適当なものをA～Dの選択肢から選び、その記号をマークしなさい。

66 这条消息说的是什么比赛？
    A 水球比赛。   B 手球比赛。
    C 排球比赛。   D 垒球比赛。

67 哪个队获得了冠军？
    A 重庆队。   B 中国队。
    C 韩国队。   D 泰国队。

CDを聴いて、68から70までの問いに対する最も適当なものをA～Dの選択肢から選び、その記号をマークしなさい。

68 今天晚上有什么活动？
    A 有一个宴会。   B 没有任何安排。
    C 去看京剧。   D 去外边吃风味小吃。

69 说话人没有提到的是：
    A 明天早上的集合地点。   B 早饭在哪儿吃。
    C 明天晚上和后天的安排。   D 宴会开始的时间。

70 说话人做什么工作？
    A 导游。   B 门卫。
    C 饭店负责人。   D 宿舍管理员。

【第5部】語順問題

71から80まで、それぞれの語句を後の文中に挿入する場合に、最も適当な位置をA～Dの中から選び、その記号をマークしなさい。

71　一样：　　他　A　买　B　的　C　两件衣服颜色　D　。

72　三岁：　　A　我妻子　B　比我　C　小　D　。

73　不：　　　她　A　给我　B　写　C　信　D　。

74　常：　　　A　他　B　到我家　C　来　D　玩儿。

75　都：　　　饭　A　要　B　凉了，你　C　吃了饭　D　再写吧。

76　偏：　　　这个孩子真不听话，　A　让他　B　学习，他　C　要　D　看电视。

77　了：　　　我问　A　问　B　大家　C　，谁都说　D　不知道。

78　能：　　　他可　A　爱面子了，你　B　哪　C　跟他开这样的　D　玩笑呢？

79　得：　　　他们被　A　感动　B　不知道　C　说　D　什么好。

80　不：　　　A　把课文的意思　B　看　C　懂，就不能　D　把问题回答对。

【第6部】補充問題

81から92までの（　）に挿入する語句として、最も適当なものをA～Dの選択肢から選び、その記号をマークしなさい。

81　已经这么晚了，明天（　　）去吧。
　　A　又　　　　　B　再　　　　　C　还　　　　　D　更

82　小王（　　）帽子放在桌子上了。
　　A　把　　　　　B　被　　　　　C　让　　　　　D　向

83　小王足球（　　）得很好。
　　A　打　　　　　B　踢　　　　　C　做　　　　　D　干

84　他（　　）吃完饭，就出去了。
　　A　刚　　　　　B　从来　　　　C　随时　　　　D　一直

85　我们只见过一（　　）面。
　　A　遍　　　　　B　次　　　　　C　点儿　　　　D　顿

86　保护环境（　　）人类的生存来说，是非常重要的。
　　A　由　　　　　B　向　　　　　C　对　　　　　D　在

87　我有点儿发烧，不过不太（　　）。
　　A　重大　　　　B　深刻　　　　C　重病　　　　D　严重

88　飞机票买不到，我（　　）改变原来的计划。
　　A　由不得　　　B　不由得　　　C　不得不　　　D　得不到

89 这些孩子听故事听得（　）了迷。
    A　着　　　　　B　得　　　　　C　中　　　　　D　犯

90 一个星期的旅行，我（　）地跑了五个大城市。
    A　东张西望　　B　山重水复　　C　走马观花　　D　车水马龙

91 他昏迷了三天三夜才醒（　）。
    A　过来　　　　B　起来　　　　C　上来　　　　D　出来

92 我国去年的经济（　）率是百分之三。
    A　达成　　　　B　成长　　　　C　增加　　　　D　增长

93から96までの（　）に挿入する語句として、最も適当なものをそれぞれ（　）内の番号に対応するA～Dの選択肢から選び、その記号をマークしなさい。

　　现在，独生子女的家长们望子成龙心切。为了让孩子进入好学校而绞尽脑汁，不惜代价，这些（ 93 ）可以理解。但是，遵循儿童的成长规律，发展孩子自身潜力，从小（ 94 ）阅读兴趣，引导他们独立地、自觉地学习，（ 95 ）他们感到读书有趣，体验到学习的乐趣，这在某种意义上（ 96 ）一所好学校和一个高明的老师。

| 93 | A 当然 | B 因为 | C 原来 | D 不太 |

| 94 | A 培育 | B 养育 | C 培养 | D 素养 |

| 95 | A 为 | B 与 | C 对 | D 使 |

| 96 | A 不如 | B 胜过 | C 相比 | D 不及 |

97から100までの（　）に挿入する語句として、最も適当なものをそれぞれ（　）内の番号に対応するA～Dの選択肢から選び、その記号をマークしなさい。

<栏　目　介　绍>

　　汉字是世界上最古老、使用人数最多的一种象形文字。许多汉字（ 97 ）就像是一幅幅美丽的图画，它们组成了一个神奇的王国，一横一竖一撇一捺就构成了这个王国中的人与物、形与色。
　　《语林趣话》栏目（ 98 ）生动多样的形式带您走进汉字的王国，（ 99 ）您了解汉字的起源、（ 100 ）和发展，领略汉字丰富的历史内涵，增进对中国古典文化的认识和了解。
　　《语林趣话》栏目每期时长5分钟，每周一至周六10:55与您见面。

| 97 | A 念起来 | B 画起来 | C 看起来 | D 听起来 |

| 98 | A 以 | B 从 | C 跟 | D 被 |

99	A 给	B 让	C 对	D 把
100	A 改正	B 变动	C 进行	D 演变

【第7部】語釈問題

101 から 120 までの文中の下線部の語句の意味として最も適当なものを、A〜Dの選択肢から選び、その記号をマークしなさい。

101 对不起，今天我没空儿。
  A 没事儿   B 没房间   C 没兴趣   D 没时间

102 我去买门票，你在这儿等着。
  A 乘车证   B 入场券   C 优待券   D 通行证

103 孩子们穿着非常好看的衣服。
  A 漂亮   B 干净   C 好穿   D 喜欢

104 孙子非常尊敬爷爷。
  A 儿子的儿子   B 儿子的女儿   C 女儿的儿子   D 女儿的女儿

105 他又火了，真没办法。
  A 发烧   B 生病   C 生气   D 点火

106 一般美国人不清楚东方食品的成分和营养。
  A 看不见   B 不了解   C 吃不惯   D 不注意

107 很多人说话三句话不离钞票，以收入多作为自己的骄傲。
  A 戏票   B 粮票   C 钱   D 入场券

108 咱们今天ＡＡ制吧。
  A 招待客人   B 互相帮助   C 各付各的   D 举行宴会

109 她的话让人摸不着头脑。
  A 生气   B 为难   C 不舒服   D 不明白

110 他说不定不来了。
A 决定　　　B 肯定　　　C 应该　　　D 可能

111 你说什么他也不在乎。
A 不满意　　B 不以为然　C 精力不集中　D 不往心里去

112 有什么事儿，您就直说吧。
A 接着说　　B 大声地说　C 直截了当地说　D 一直不停地说

113 他没什么学问，可是老摆架子。
A 自视清高　B 向上爬　　C 跟人吵架　D 捉弄别人

114 小刘自以为了不起，老师一表扬，他就翘尾巴。
A 伸大拇指　B 摇头　　　C 脸红　　　D 骄傲

115 听说您得了一大笔外快，邻居也跟着沾光了。
A 国外汇款　B 外币收入　C 工资收入　D 额外收入

116 请你别怪她。
A 怀疑　　　B 委托　　　C 迷惑　　　D 责备

117 人们都在议论这件事。
A 谈论　　　B 争论　　　C 审查　　　D 检讨

118 他在公司很会巴结上司。
A 奉承　　　B 连接　　　C 讽刺　　　D 帮助

119 如今最受青睐的行业是什么？
A 受委屈　　B 能赚钱　　C 有前途　　D 受欢迎

120 他是个直性子，你别往心里去。
A 脾气暴躁的人　B 很顽固的人　C 性格坚强的人　D 性情直爽的人

【第8部】読解問題

次の文章を読み、121から124までの問いに対して最も適当なものを、A～Dの選択肢から選び、その記号をマークしなさい。

　　窗台上放着一盆花，旁边一只瓷瓶里插着几枝色彩艳丽的假花。假花瞧不起花盆里的真花，认为它们土里土气，不如自己美丽。
　　一天清晨，假花又在洋洋得意地炫耀自己漂亮的姿色。突然，下起了大雨。雨水打在印花纸做的假花上，假花害怕了，一个劲儿地埋怨雨不该下。
　　大雨过后，窗台上那盆花更加芬芳，更加柔嫩了。而纸花却失去了鲜艳的色彩，耷拉着脑袋。主人把它和垃圾一起扔了出去。

121　假花为什么看不起真花？
　　A　因为它觉得自己比真花漂亮。
　　B　因为瓷瓶比花盆好看。
　　C　因为它觉得真花太洋气。
　　D　因为它觉得自己不如真花洋气。

122　大雨过后，发生了什么样的变化？
　　A　真花被大雨打坏了。
　　B　假花被大雨淋湿了，真花没被淋湿。
　　C　真花变得更得意了。
　　D　假花被扔掉了。

123　"耷拉着脑袋"的是：
　　A　主人。
　　B　真花。
　　C　假花。
　　D　真花和假花。

124　"洋洋得意"中的"得"的发音是：
　　A　dé
　　B　de
　　C　děi
　　D　dēi

次の文章を読み、125 から 127 までの問いに対して最も適当なものを、A〜Dの選択肢から選び、その記号をマークしなさい。

百货公司里很拥挤，赵维建走到漂亮的女店员面前。
"先生，想买什么？"
"我想跟你说几句话，可以吗？"
"我很忙，你想说什么？"
"什么都可以，因为我太太不见了，不过我跟漂亮的小姐谈话，她马上就会出现的。"

125 百货公司里：
　　A　人很多。
　　B　人不太多。
　　C　人很少。
　　D　只有两个人。

126 赵维建在对谁说话？
　　A　自己的妻子。
　　B　女朋友。
　　C　客人。
　　D　售货员。

127 赵维建在找谁？
　　A　姐姐。
　　B　女店员。
　　C　女朋友。
　　D　妻子。

次の文章を読み、128から131までの問いに対して最も適当なものを、A～Dの選択肢から選び、その記号をマークしなさい。

尊敬的夏老师：

您好！好久没给您去信了，请您原谅。

我大学毕业已经二十多年了，现在在一家电器公司工作。不久前，有个朋友向我提议办个电脑公司。我觉得这个提议很有吸引力，因为能拥有自己的公司一直是我的理想。但我也很矛盾：办呢，肯定会有风险；不办呢，又有点儿不甘心。我拿不定主意。

回想起大学时代，在实验室每天夜以继日地做实验的情景；回想起自己的理想，特别是老师一直教导我们的那句话："与其后悔没做，不如做了后悔。人生贵在进取。"我最后还是决定把自己放在一个新的起跑线上，向现在的自己挑战。想到这儿，我好像又变成了大学时代的我：踌躇满志，热血沸腾。

最后，谢谢老师的教诲。在我的人生中，老师的话将一直指引我不断努力和进取。

此致

敬礼

您的学生：杨建华

2000年8月1日

128　写信的人大学毕业后过了多少年？

　　A　整整20年。

　　B　不到20年。

　　C　快20年了。

　　D　20多年。

129　老师的那句话是什么意思？

　　A　不能因为怕后悔而不做事。

　　B　不能做事就后悔。

　　C　做事以前应该好好儿考虑以免后悔。

　　D　做事以后必须认真总结经验。

130 写信的人最后做出了什么样的决定？

　　A　决心创业。

　　B　继续原来的工作。

　　C　回到实验室做实验。

　　D　在大学任教。

131 这封信的内容是：

　　A　表示歉意。

　　B　发出邀请。

　　C　请求批准。

　　D　表示感谢。

次の文章を読み、132 から 134 までの問いに対して最も適当なものを、A～Dの選択肢から選び、その記号をマークしなさい。

本图书馆有各类藏书 600 余万册。馆内设有教师备课室、研究生资料室、学生阅览室及小型会议室等。有关图书借阅和图书馆使用说明如下：

一、凡我校师生均可凭借书卡借阅图书，教师限借 30 册，借期 3 个月，学生限借 10 册，借期两周。

二、如需复印古籍资料，须事先征得管理人员同意后，方可复印。

三、阅览室内有各种期刊、报纸，不办理外借手续。阅后请放回原位，要保持室内安静、整洁。

四、使用会议室，需提前 24 小时与办公室联系。

132　本文第一行的"藏"应该念作：

　　A　zàng

　　B　cáng

　　C　zòu

　　D　zhàng

133　本图书馆：

　　A　复印古书必须由管理人员操作。

　　B　没有学生阅览室。

　　C　杂志只能在馆内阅览。

　　D　教师不需借书卡便可借书。

134　借用会议室有什么条件：

　　A　要提前一天跟办公室打招呼。

　　B　只限本校教师使用。

　　C　只能借用 24 小时。

　　D　需持有本人身份证。

次の文章を読み、135 から 137 までの問いに対して最も適当なものを、A〜Dの選択肢から選び、その記号をマークしなさい。

　李小伟写文章有个毛病，常常漏掉一两个字。遇到自己不会写的字，他既不查字典，又不问别人，总是图省事，干脆不写。为此，老师多次批评他，可他一直不改。
　有一次他在作文簿上写道："爸爸身体不好，我要给爸爸买人。我来到商店，看见盒子里有许多人，有壮的，有瘦的，有胖的……，我买了一个大的，把头剁下来，煮好了端给爸爸吃。"
　老师看完后，急忙找到李小伟，问他"你买的什么'人'给你爸爸吃？"李小伟不慌不忙地说："人参的参我不会写，把它省掉了。"

135　李小伟写作文时有个什么毛病？
　　A　遇到不会写的字不查字典，总是问别人。
　　B　总是把字写错。
　　C　遇到不会写的字总是图省事，问老师。
　　D　不会写的字就不写。

136　与本文内容相符的是：
　　A　商店里买东西的人很多。
　　B　他给爸爸买了一些胡萝卜。
　　C　老师来看望自己的爸爸。
　　D　他给爸爸买了一些补品。

137　"人参"的"参"的发音是：
　　A　shēn
　　B　cān
　　C　sēn
　　D　cēn

次の文章を読み、138 から 140 までの問いに対して最も適当なものを、A～Dの選択肢から選び、その記号をマークしなさい。

东方公司：

　　去年秋交会上双方签订的第 8 号合同项下红茶五百箱，贵方没有按规定开出信用证。虽经我方多次催促，至今仍未见办理。上述货物早已备妥，堆存仓库待运。由于你方久不履约，致使我方经济上蒙受很大损失。据此，上述合同不得不予以撤销。有关包装损失及仓储费用等共计人民币叁万元，应由你方负责赔偿。随函附上付款通知书一纸，希即将该款汇下。

新华进出口公司
×年×月×日

138　新华进出口公司要求对方：

　　A　开出信用证。

　　B　备妥货物。

　　C　附上付款通知书。

　　D　寄来赔款。

139　函中提到的红茶现在：

　　A　存放在仓库里。

　　B　没货。

　　C　已经交给了对方。

　　D　正在运输中。

140　新华进出口公司为何要求撤销第 8 号合同？

　　A　因为未收到信用证。

　　B　因为未收到红茶。

　　C　因为对方没有提供仓库。

　　D　因为对方要求赔偿三万元人民币。

Ⅱ 解答・解説編

　TECCのスコア算出は「項目応答理論」というテスト理論の世界標準をもちいたコンピュータ採点に拠っています。従って1問できれば何点とか，1問間違えばマイナス何点というように，あらかじめ配点が決められているものではありません。TECCの正式なスコアは公開試験などを受けることによってのみ得られます。しかし，これまでの実施結果から得られた「スコアと平均正答率の関連表」を以下に示しておきますので，各自のスコアを推定する際の参考とすることができます。

スコアと平均正答率

TECCのスコア	能力レベル	正答率
900点以上	A	95.7%
700〜899点	B	89.5%
550〜699点	C	80.7%
400〜549点	D	67.8%
250〜399点	E	50.6%
0〜249点	F	35.4%

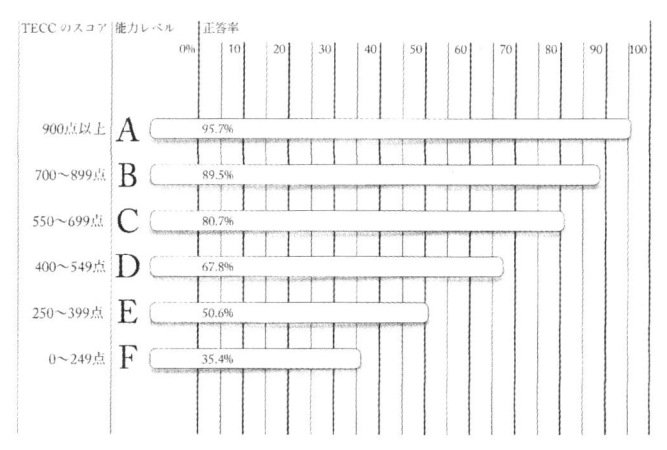

■■■ 第 １ 回 ■■■

【第1部】基本数量問題

No.	選択肢		音声	音声訳
1	A	No. 0718	幺零四八号	1048 番
	B	No. 0184		
	C	No. 7018		
	D	No. 1048		
2	A	10 件	十件	10 件、10 着、10 枚など
	B	10 年		
	C	10 点		
	D	10 天		
3	A	890 元	八块九	8 元 9 角
	B	8.90 元		
	C	8.09 元		
	D	0.89 元		
4	A	5:50	差十分六点	6 時 10 分前
	B	5:56		
	C	6:04		
	D	6:10		
5	A	1999 年 10 月	一九六七年一月	1967 年 1 月
	B	1967 年 7 月		
	C	1979 年 11 月		
	D	1967 年 1 月		

		解答と解説
1	D	電話番号や3桁以上の部屋番号などの番号は数字の粒読み。その際"七"qīとの混同を避けるため、"一"yīは"幺"yāoと読む。これを知っていれば、D以外に迷いようはない。
2	A	量詞だけでも数えている対象が何かを推測できることがあるので、量詞の聞き分けは重要。正解は shí jiàn。選択肢は"年"nián、"点"diǎn、"天"tiānで子音と声調が異なる。まず声調の違いに敏感になろう。
3	B	お金の単位は書面語の"元"yuán、"角"jiǎo、"分"fēn と口語の"块"kuài、"毛"máo、"分"fēn の2通りある。小数点以下第1位には"毛"を、第2位には"分"をつける。なおBのように最後の単位はよく省略される。Cは"八块(零)九分"。Dは"八毛九(分)"。
4	A	liù diǎn と聞こえたからといってCやDを選んではいけない。"差"chà は「不足する、足りない」という意味で、「…分前」。Aなら"差十分"「10分前」、Bなら"差四分"「4分前」。shí と sì の違いに注意。
5	D	年号は粒読み。"1967年1月" yī jiǔ liù qī nián yī yuè。"7"qī と"1"yī を聞き間違えないこと。

No.	選択肢		音声	音声訳
6	A	1/8	八分之一	1/8
	B	1/10		
	C	1%		
	D	100%		
7	A	160cm	一百六十四公斤	164kg
	B	164kg		
	C	164g		
	D	160km		
8	A	5371-8436	五三九幺二八六三	5391-2863
	B	5377-1843		
	C	5391-2863		
	D	2319-8463		
9	A	80,303	七万三千零三	73,003
	B	73,003		
	C	73,030		
	D	83,303		
10	A	3	六加三等于几？	6＋3＝？
	B	9		
	C	18		
	D	63		

		解答と解説
6	A	分数は"…分之〜"…fēn zhī〜、％は"百分之…"bǎi fēn zhī…と言う。音声の"1/8"bā fēn zhī yī を"1％"bǎi fēn zhī yī と間違えないこと。
7	B	西洋の度量衡。キログラムは"公斤"gōngjīn、グラムは"克"kè や"公分"gōngfēn と言う。キロメートルは"公里"gōnglǐ。センチメートルは"厘米"límǐ や"公分"gōngfēn。
8	C	電話番号、部屋番号など3桁以上の数字はよく粒読みされる。その場合の"一"yī は"七"qī と区別するために"幺"yāo と読み習わされている。
9	B	大きい数の表現。万は"万"wàn、千は"千"qiān。間の「0」は"零"líng と読む。"零"は「とんで、端数は」の意味を表しているので「0」がいくつ続いても"零"と1つ読めばよい。Cなら"七万三千零三十"qīwàn sānqiān líng sānshí と読む。
10	B	足し算問題の表現は"…加〜等于几"…jiā〜děngyú jǐ で"6"liù と"3"sān の和を問うている。6＋3＝9 でBが正解。加減乗除の表現を知っておこう。例えば、3−1＝2→"三减一等于二"、6×3＝18→"六乘以三等于十八"、9÷3＝3→"九除以三等于三"。なお負数は、例えば−3 なら"负三"と言う。

【第2部】図画写真問題

No.	図画	音声	音声訳
11		A 衬衣 B 毛衣 C 长裤 D 裙子	A 下着 B セーター C 長ズボン D スカート
12		A 包子 B 饼干 C 面包 D 烧卖	A 中華まんじゅう B ビスケット C パン D シュウマイ
13		A 叉子 B 筷子 C 勺子 D 刀子	A フォーク B 箸 C スプーン D ナイフ
14		A 摔倒了 B 弄丢了 C 扔掉了 D 打碎了	A 転んだ B なくした C 捨てた D 壊した
15		A 做梦 B 作风 C 锁门 D 看门儿	A 夢を見る B 態度、やり方 C ドアを施錠する D 留守番する、門番をする
16		A 橡胶 B 香蕉 C 草莓 D 黄瓜	A ゴム B バナナ C イチゴ D キュウリ
17		A 看不懂 B 看不到 C 看不见 D 看不起	A 分からない B 見当たらない C 見えない D 軽蔑する

解答と解説		
11	B	衣類に関する基本的な名詞が並んでいる。Aの chènyī を"衬衫"chènshān「シャツ、ブラウス」と勘違いし、選んでしまわないように。Cは"裤子"kùzi「ズボン」を知っていれば何とか聞き取れよう。
12	C	BとC以外は代表的な中国の食品名。Bは bǐnggān、Dは shāomai と発音する。
13	B	日々使用する食器類を音声として知っているかどうか。正解はB "筷子"kuàizi「箸」。音声はそれぞれ"叉子"chāzi、"勺子"sháozi、"刀子"dāozi。
14	A	語彙の問題。絵は人が転んでしまったところ。「転んだ」は"摔倒了"shuāidǎo le で正解はA。"弄丢"nòngdiū、"扔掉"rēngdiào、"打碎"dǎsuì はいずれも常用語。
15	A	夢を見ている絵。「夢を見る」は"做梦"zuòmèng なので正解はA。間違えやすいのはB"作风"zuòfēng、これは「(ものごとの)やり方、態度」。mèng と fēng、子音と声調は異なるが間違えやすい。なおDの"看门儿"kānménr の"看"は第1声。
16	B	Aは xiàngjiāo、Bは xiāngjiāo。声調を正確に知らないと答えられない。Cは cǎoméi、Dは huángguā。
17	A	BCはいずれも「見えない」という意味だが、Bは対象物が存在しないので「見当たらない」、Cは目に入ってこないので「見えない」。正解の"看不懂"は「見て意味が分からない」という意味。

No.	図画	音声	音声訳
18		A　自治区 B　自助餐 C　方便面 D　自来水	A　自治区 B　バイキング料理 C　インスタントラーメン D　水道水
19		A　坐 B　走 C　抱 D　跑	A　座る B　歩く C　抱く D　走る
20		A　省电 B　闪电 C　商店 D　鞋店	A　節電する B　稲光 C　商店 D　靴屋
21		A　他们从楼梯上走下来。 B　他们走上楼去。 C　走在前边的两个人系着领带。 D　楼梯下边站着很多人。	A　彼らは階段から降りてくる。 B　彼らは階段を上がっていく。 C　前を歩いている2人はネクタイをしている。 D　階段の下にはたくさんの人が立っている。
22		A　她坐在沙发上看报。 B　她手里拿着一张报纸。 C　她身上背着一个书包。 D　看报的人手里拿着钢笔。	A　彼女はソファーで新聞を読んでいる。 B　彼女は手に1枚の新聞を持っている。 C　彼女はカバンを背負っている。 D　新聞を読んでいる人は手にペンを持っている。

		解答と解説
18	B	少し難易度の高い単語が並ぶ。A"自治区"zìzhìqū。B"自助"zìzhù は「セルフサービスする」。"餐"は"餐馆"cānguǎn、"餐厅"cāntīng「レストラン、食堂」などでおなじみの音。意味は「食事」。
19	D	数人が走っている。A~Dは人の基本的動作動詞。正解はDの"跑"pǎo「走る」。有気音第3声のpǎoと、無気音第4声のbàoを取り違えないように。なお、"坐"zuòと"走"zǒuも混同しやすい発音の1つ。
20	B	声調、母音の聞き分け。A shěngdiàn、B shǎndiàn、C shāngdiàn、D xiédiàn の違いを聞き分ける。
21	A	男女数人が階段から降りてくる、上っていくのではない。その方向や、また前の男性1人はネクタイなど、服装の特徴なども把握しておく。A"从楼梯上走下来"cóng lóutī shang zǒuxialai が正解。B"走上"zǒushang は方向が違う。C"系着领带"jìzhe lǐngdài「ネクタイを締めている」のは前の1人だけで、2人ではない。なお、「締める」という意味の"系"は jì と発音し、xì ではない。D"站着"zhànzhe「立っている」だが、階段の下に立っている人は1人もいない。
22	B	いずれの選択肢にも"看报"kàn bào、"拿报纸"ná bàozhǐ、"背书包"bēi shūbāo、"看报的人"kàn bào de rén 等の似た音が出てくる。惑わされないで、しっかり聞き取る必要がある。A女性が腰掛けているのは、"沙发"shāfā ではない。

No.	図画	音声	音声訳
23		A 一个人举着小旗在欢呼。 B 很多人在外面边吃边聊天儿。 C 广场上的人们载歌载舞地庆祝节日。 D 广场上鸦雀无声。	A １人の人が小旗をあげて歓呼している。 B 多くの人が外で食べながらおしゃべりしている。 C 広場の人々は歌い、踊りながら祝日を祝っている。 D 広場はしんと静まり返っている。
24		A 地上的雪都扫干净了。 B 报纸贴在砖墙上。 C 这个时候正下着鹅毛大雪。 D 这个人背着手看报呢。	A 地面の雪はみなきれいに掃き清められた。 B 新聞はレンガ塀に貼ってある。 C この時ちょうどぼたん雪が激しく降っている。 D この人は後ろ手をして新聞を読んでいる。
25		A 蹲在门口的老人在抽烟。 B 站在墙角的老人在吹笛子。 C 一个老人弯着腰在拔草。 D 一个老人匆匆忙忙地往家赶。	A 入り口にしゃがんでいる老人はタバコを吸っている。 B 塀の隅に立っている老人が笛を吹いている。 C １人の老人が腰をまげて草抜きをしている。 D １人の老人が家路を急いでいる。

	解答と解説	
23	C	Aは xiǎoqí「小旗」が、Bは biān chī biān liáotiānr「食べながらおしゃべりする」が写真と異なる。Cの zài gē zài wǔ は「歌ったり踊ったり」の意味。Dの yā què wú shēng は「しんと静まり返る」こと。誤ってBを選択した人は、"很多人"hěn duō rén だけを聞き取ったのかもしれない。文全体の意味を把握することが大切だ。
24	D	Aの言うように「地面の雪は掃き清められて」はいないし、Bの言うように新聞は"砖墙"zhuānqiáng「レンガの塀」には貼られていない。またCの"鹅毛雪"émáoxuě「ぼたん雪」が激しく降ってもいない。この問題は "背着手"が聞き取れるかどうかがカギ。写真の中では新聞が特に目に付くので、Bを選んでしまったかもしれない。写真のような新聞やポスターを掲示する設備は"报栏"bàolán と言う。
25	A	老人が入り口のところにしゃがんでタバコを吸っている。老人のいる場所とその姿や動作が問題になる。A"蹲"dūn「しゃがむ」と、"抽烟"chōu yān「タバコを吸う」で合致。B"站"zhàn と"吹笛子"chuī dízi が違う。C"弯"wān と"拔草"bá cǎo、D"赶家"gǎn jiā「家に急ぐ」も違う点だ。

No.	図画	音声	音声訳
26		A 广场上有的人在照相，有的人在看书。 B 大街上人山人海非常热闹。 C 很多人在公园里打太极拳呢。 D 他们一边看书一边听音乐。	A 広場である人は写真を撮り、ある人は本を見ている。 B 大通りは黒山の人だかりでたいそうにぎやかだ。 C 大勢の人が公園で太極拳をしている。 D 彼らは本を読みながら、音楽を聞いている。
27		A 那位老大娘背着手在街上悠然自得地散步。 B 在街上散步的老大娘乐呵呵地向别人招手。 C 那位老大娘十分吃力地提着一只桶走在街上。 D 那位老大娘抱着小孩儿看着街上来来往往的行人。	A そのおばあさんは後ろ手をして通りをのんびりと散歩している。 B 通りを散歩しているおばあさんはニコニコして人に手を振っている。 C そのおばあさんは非常に苦労して桶を下げ、通りを歩いている。 D そのおばあさんは子供を抱いて通りを行き来する人を見ている。
28		A 老夫妇在切蛋糕。 B 蛋糕摆在桌子正中间。 C 老太太在做蛋糕。 D 一个老人在吃蛋糕。	A 老夫婦はケーキを切っている。 B ケーキは机の中央に置かれている。 C おばあさんはケーキを作っている。 D 1人の老人がケーキを食べている。

解答と解説		
26	A	A "有的人…，有的人〜" yǒu de rén… , yǒu de rén〜「ある人は…、ある人は〜」。B "人山人海" が聞き取れずとも、いかにも "非常热闹" という様子ではない。D "一边…一边〜" yìbiān…yìbiān〜「…しながら〜する」。
27	A	"老大娘" lǎodàniáng「おばあさん」の姿に注目する。主要動詞に長い連用修飾語がついているが、それも大きなヒント。Aでは "背着手" bèizhe shǒu「手を後ろに組む」を聞き取りたい。これが聞き取れないとBを選んでしまう。Bの "乐呵呵地" lèhēhē de は「にこにこしながら」、"招手" zhāoshǒu は「手招きする、手を振る」。Cの "吃力地" chīlì de は「苦労して」。
28	A	"蛋糕" dàngāo「ケーキ」をめぐる問題。A "在切" zài qiē「切っている」、D "在吃" zài chī「食べている」、C "在做" zài zuò「作っている」は発音もまぎらわしく、単音節動詞でもあるので、少し油断すると聞き逃してしまう。Bの "正中间" zhèng zhōngjiān は「まん真ん中」。

No.	図画	音声	音声訳
29		A　有人在清扫垃圾筒。 B　有人正要往垃圾筒里扔东西。 C　这两个垃圾筒是有区别的。 D　两个垃圾筒中间有一棵树。	A　人がゴミ入れを清掃している。 B　人がゴミ入れに物を捨てようとしている。 C　この２つのゴミ入れには区別がある。 D　２つのゴミ入れの間に木が１本ある。
30		A　妈妈背着孩子往上爬。 B　妈妈抱着孩子打秋千。 C　孩子骑在妈妈身上玩。 D　母子俩都戴着帽子。	A　母親が子供を背負って上がっていく。 B　母親が子供を抱いてブランコに乗っている。 C　子供が母にまたがって遊んでいる。 D　母子とも帽子をかぶっている。

		解答と解説
29	C	通行人、松の木、ゴミ入れ2つ、ゴミ入れに"废弃物"fèiqìwù「廃棄物」と"可回收物"kě huíshōuwù「回収可能物、リサイクルゴミ」と書かれているのにも注目。「ゴミ」は"垃圾"lājī、ゴミ入れは"垃圾筒"lājītǒng。A "清扫"qīngsǎo「清掃する」ではない、B "扔垃圾"rēng lājī「ゴミを捨てる」でもない、D 木があるのは2つのゴミ入れの"中间"zhōngjiān ではない。正解はC、ゴミ入れに"有区别"yǒu qūbié。
30	D	A母親は片足を高いところに掛けてはいるが、"背着孩子"bēizhe háizi「子を背負って」はいない。B母親は"抱着孩子"bàozhe háizi「子を抱いている」が、"打秋千"dǎ qiūqiān「ブランコに乗って」はいない。C子供は"骑在妈妈身上"qízài māma shēnshang「母の体にまたがって」はいない。D "母子俩"mǔzǐ liǎ「母子2人」。

【第3部】会話形成問題

No.	設問と選択肢音声	設問と選択肢訳
31	甲：你孩子是哪年出生的？ 乙：A 他在大连出生的。 　　B 我有两个儿子，你呢？ 　　C 一九九〇年。 　　D 是个女孩子。	甲：お子さんは何年生まれですか？ 乙：A 彼は大連で生まれました。 　　B 私には息子が２人いますが、あなたは？ 　　C 1990年です。 　　D 女の子です。
32	甲：你汉语说得不错嘛。 乙：A 是吗，真不简单。 　　B 谢谢你的夸奖。 　　C 你说得也不好。 　　D 汉语歌好听极了。	甲：あなたは中国語がお上手ですよね。 乙：A そうですか、本当にすごいですね。 　　B お褒めにあずかりまして。 　　C あなたは話すのもうまくないですね。 　　D 中国語の歌はほんとにきれいですね。
33	甲：您哪儿不舒服？ 乙：A 我的自行车坏了。 　　B 从前边的十字路口往右拐。 　　C 我是从东京来的。 　　D 昨天晚上开始头晕。	甲：どこの具合が悪いのですか？ 乙：A 私の自転車が壊れました。 　　B 前の交差点を右に曲がります。 　　C 私は東京から来ました。 　　D 昨晩からめまいがしています。
34	甲：你喜欢什么运动？ 乙：A 我喜欢吃鱼。 　　B 我们去开会。 　　C 没什么。 　　D 我喜欢游泳。	甲：どんなスポーツが好きですか？ 乙：A 魚が好きです。 　　B 私たちは会議に行きます。 　　C なんでもありません。 　　D 水泳が好きです。

解答と解説		
31	C	生まれ年を尋ねるポピュラーな言い方。"哪年出生的" nǎ nián chūshēng de「何年に生まれたのか」と聞かれているのだからCを選ぶ。もし"哪年"でなく"在哪儿出生的"「どこで生まれたのか」ならAが答えになる。
32	B	Aの"真不简单" zhēn bù jiǎndān は「たいしたものだ」と感嘆し褒める場合に使う表現。B"夸奖"「褒める」。
33	D	医者は一般的に患者に対して、まず甲のように質問する。患者の乙は自分の症状を"头晕" tóuyūn「めまいがする」と述べている。"头疼" tóuténg「頭が痛い」、"咳嗽" késou「咳が出る」、"发烧" fāshāo「熱がある」なども覚えておきたい。
34	D	"喜欢什么运动" xǐhuan shénme yùndòng と好きなスポーツを尋ねられて、"钓鱼" diào yú「釣り」ならともかく"吃鱼" chī yú「魚を食べる」では話にならない。D"游泳" yóuyǒng「泳ぐ」。

No.	設問と選択肢音声	設問と選択肢訳
35	甲：来一斤半水饺。 乙：A 好，请您稍等。 　　B 这么早就睡觉啊。 　　C 你可以试试。 　　D 呦，我的表慢了。	甲：水ギョーザを1.5斤ください。 乙：A 分かりました、少々お待ちください。 　　B こんなに早く寝るんですか。 　　C 試したらいいですよ。 　　D あれ、腕時計が遅れている。
36	甲：没票的乘客请买票。 乙：A 一张票两块。 　　B 要等多长时间？ 　　C 两张大人、一张小孩儿。 　　D 票都卖完了。	甲：乗車券のない方は、お買い求めください。 乙：A 1枚2元です。 　　B どれくらい待たねばなりませんか？ 　　C 大人2枚、子供1枚。 　　D チケットは売り切れです。
37	甲：请问，软卧在第几节车厢？ 乙：A 在五号站台。 　　B 倒数第四节。 　　C 这趟车没有餐车。 　　D 在第七排。	甲：お尋ねしますが、1等寝台は何号車輛ですか？ 乙：A 5番プラットフォームです。 　　B 後ろから4輛目の車輛です。 　　C この列車に食堂車はありません。 　　D 7列目です。
38	甲：这封信要贴多少钱的邮票？ 乙：A 大概要一个星期左右。 　　B 寄航空信吗？ 　　C 一斤十块钱。 　　D 大人15块，小孩儿8块。	甲：この手紙にはいくらの切手を貼ればいいですか？ 乙：A たぶん1週間ぐらいかかるでしょう。 　　B エアメールで出しますか？ 　　C 1斤10元です。 　　D 大人は15元、子供は8元です。

解答と解説		
35	A	水ギョーザやご飯、うどんなどは重さで買うことが多い。"来" lái はレストランなどでオーダーするときに使われる。Bの"睡觉" shuìjiào は"水饺" shuǐjiǎo と音が近いので、惑わされないよう。
36	C	乗車券"票" piào のない人は乗車券を買うようにとのアナウンス。甲の発話中の"票"につられて、"票"の入っているA"一张票两块"かD"票都卖完了"を選びそうになるかもしれない。しかし、いずれも乙の返答としては成り立たない。語に惑わされないこと。
37	B	列車や駅に関する常用の語彙"软卧" ruǎnwò、"车厢" chēxiāng、"餐车" cānchē、"站台" zhàntái や、車輌を数える量詞"节" jié などを知っているかどうかがポイント。"倒数" dàoshǔ「さかさまに数える、逆から数える」も常用語彙。「逆から数えて4輌目です」のBが正解。
38	B	甲は切手の値段を尋ねている。正解Bはストレートに金額を答えるのではなく「エアメールですか？」と聞き返している。"多少钱" duōshao qián に引きずられてCやDを選ばないよう。Cを選んでしまった人が特に多かったが、"斤" jīn は重さの単位。"邮票" yóupiào には"张" zhāng が使われる。

No.	設問と選択肢音声	設問と選択肢訳
39	甲：这里不是北京饭店，您打错了。 乙：A　太谢谢你了。 　　B　哪里哪里。 　　C　噢，对不起。 　　D　您过奖了。	甲：こちらは北京飯店ではありません。おかけ違いです。 乙：A　どうも、ありがとうございました。 　　B　どういたしまして。 　　C　あっ、すみません。 　　D　褒め過ぎですよ。
40	甲：今天让你辛苦一天，晚上我来请客。 乙：A　我的钱不够。 　　B　我不想吃早饭。 　　C　菜点得太多了。 　　D　不好意思，让您破费了。	甲：今日１日ご苦労をおかけしたので、夜は私がご馳走します。 乙：A　私のお金は足りない。 　　B　私は朝食を食べたくない。 　　C　料理を注文するのが多過ぎた。 　　D　申し訳ありません、散財させてしまって。
41	甲：星期天晚上有空儿吗？ 乙：有，你什么事儿？ 甲：A　咱们去看电影吧。 　　B　糟糕，我把电影票丢了。 　　C　正好有两个座位。 　　D　这儿空着呢。	甲：日曜の夜、暇ある？ 乙：あるけれど、何の用？ 甲：A　一緒に映画を見に行こうよ。 　　B　やばい、映画の切符がなくなっちゃった。 　　C　ちょうど２つ席がある。 　　D　ここが空いている。
42	甲：请问，标准房间一天多少钱？ 乙：120美元。 甲：A　这房间不够标准。 　　B　错了，我的房间是1102。 　　C　你想换美元呀！ 　　D　可以付人民币吗？	甲：スタンダードルームは１泊いくらですか？ 乙：120ドルです。 甲：A　この部屋は標準規格とは言えない。 　　B　間違った、私の部屋は1102だ。 　　C　あなたはドルに換えたいんですね！ 　　D　人民元で払えますか？

		解答と解説
39	C	"打错" dǎcuò「電話をかけ間違える」が分かれば、甲のせりふから乙が間違い電話をしたことが知れる。そうすると答えはC "对不起" 以外にない。
40	D	"我来请客" の "来" は、その後ろの動作や行為を積極的に行う意を表す。"请客" qǐngkè「ご馳走する」。「私がご馳走しましょう」との申し出に対しては、まず「気が引ける」の "不好意思" bù hǎoyìsi という応答の言葉が出るはずで、正解はD。なお "破费" pòfèi は「（金や時間を）かける」、"让你破费" で相手に「散財させる」の常用表現。
41	A	"空儿" kòngr は「暇」の名詞。日曜の夜は暇があるかと尋ねられている。Dに kòng の音があって選びそうになるが、これは「空いている」の形容詞で、場所について「ここが空いているよ」の意。
42	D	選択肢ＡＢＣいずれにも "房间" fángjiān、"标准" biāozhǔn、"美元" měiyuán など、設問中の語があって惑わされてしまう。まずは甲乙の話題の中心が何かをつかむことが大切。120ドルに対して、乙は人民元での支払いが可能かどうかを再度問うている。

No.	設問と選択肢音声	設問と選択肢訳
43	甲：请问，你们那儿可以托运行李吗？ 乙：可以。 甲：A　我的箱子修好了吗？ 　　B　都需要些什么手续？ 　　C　你买到机票了吗？ 　　D　我托运的行李到了吗？	甲：そちらでは荷物の託送はできますか？ 乙：できます。 甲：A　私のスーツケースは修理できましたか？ 　　B　どういった手続きが必要ですか？ 　　C　飛行機のチケットは買えましたか？ 　　D　私が託送した荷物は着きましたか？
44	甲：请问，你们这儿有中日词典吗？ 乙：卖完了，你过两天再来吧。 甲：A　好吧，那我就先买两本。 　　B　对不起，我不要精装本。 　　C　来了能帮我留两本吗？ 　　D　换平装本，行吗？	甲：こちらに中日辞典はありますか？ 乙：売り切れましたので、2、3日してからまた来てください。 甲：A　いいですよ、じゃあまず2冊買います。 　　B　すみません、上装本はいりません。 　　C　届いたら私に2冊取っておいてくれますか？ 　　D　ペーパーバックに取り替えてもらえませんか？
45	甲：如果你想在外边儿吃饭，附近就有一家好吃的饭馆儿。 乙：是吗？离这儿有多远？ 甲：A　得坐火车。 　　B　这间屋子有二十平方米。 　　C　走着去只需要十几分钟。 　　D　大约一公斤。	甲：もし外で食事したければ、近所においしいレストランがありますよ。 乙：そうですか、ここからどれくらいのところにあるんですか？ 甲：A　汽車に乗らなければなりません。 　　B　この部屋は20平米です。 　　C　歩いてほんの十数分です。 　　D　だいたい1kgです。

解答と解説		
43	B	間違えやすいのはD、最初の発話中の"托运行李"tuōyùn xíngli に引きずられるかもしれない。最後までよく聞くと"到了吗？"「着いたか」と言っている。甲は託送の可否を尋ねているのだから、荷物はまだ送っておらず、未然の事柄である。動作や行為が已然のことなのか、未然のことなのかをしっかり把握する必要がある。
44	C	売り切れたので再度来てくれと言われて、Aの"好吧"「いいですよ」を選びたくなるが、後を聞くと"先买两本"で、これは違う。Bの"精装本"jīngzhuāngběn「上装本」を聞き取るのは難しいかもしれない。Dにある"平装本" píngzhuāngběn が「ペーパーバック」。Cの"能留两本吗？"、"留"liú は「取っておく」でこれが正解。1語1語にあまりこだわらない柔軟性もまた必要。
45	C	付近にあるというレストランについて、どれくらいの遠さを聞いている。予想されるのは距離の単位か時間の単位。Cの時間"十几分钟"が正解。"平方米" píngfāngmǐ「平方メートル」や"公斤"「キログラム」を"米"「メートル」や"公里"「キロメートル」と勘違いしない。経済発展の著しい中国、普段から度量衡単位の表現や、さまざまな数値の表し方に注意を払っておくことも必要。

No.	設問と選択肢音声	設問と選択肢訳
46	甲：劳驾，我要换钱。 乙：换多少？ 甲：A 房费一天五百元。 　　B 你要什么就给你什么。 　　C 途中要换两次车。 　　D 两万日元。	甲：すみません、両替したいのですが。 乙：いくら換えますか？ 甲：A 部屋代は1日500元です。 　　B 欲しいものをあげます。 　　C 途中で2度乗り換えなければなりません。 　　D 2万円です。
47	甲：这个怎么卖？ 乙：16块一斤。 甲：A 太远了。 　　B 那我要两斤。 　　C 又新鲜又好吃。 　　D 已经卖光了。	甲：これはいくら？ 乙：1斤16元だよ。 甲：A 遠過ぎるよ。 　　B じゃあ2斤ください。 　　C 新鮮でおいしいよ。 　　D もう売り切れた。
48	甲：这是哪儿呀，我都不认识了。 乙：车站。怎么样，变化大吧？ 甲：A 变得这么漂亮了！ 　　B 去问问警察吧。 　　C 嗯，确实不太方便。 　　D 那么，换什么车？	甲：ここはどこ、私はさっぱり分からなくなってしまった。 乙：駅。どう、すごく変わったでしょう？ 甲：A こんなにきれいに変わったのね！ 　　B 警察に行って聞いてみよう。 　　C うん、確かにあまり便利じゃない。 　　D じゃ、何（どんな乗り物）に乗り換えるのですか？

解答と解説		
46	D	甲の"要换钱"yào huànqián に対する乙の"换多少"huàn duōshao から換金の場面とすぐ分かり、正解Dは得やすい。Bは同じ疑問代詞が前後で呼応する複文、「何か欲しければ、それをあげる→欲しいものがあれば、それをあげる」。設問の"换钱"からC"换两次车"などに惑わされないこと。
47	B	"怎么卖"は直訳すれば「どのように売るか」で、「1個いくら」とか「1キロいくら」という答えが返ってくる。選択肢はその後の買い手のせりふ。Aは"太贵了"「高過ぎる」ならともかく、"太远了"はおかしい。ＣＤは売り手のせりふ。
48	A	「変わりようがすごいでしょう」に続くのは、その変化の有様についての言葉だろうと予想がつく。「警察へ行って聞いてみよう」は問題外として、何に乗り換えるのかや、便利・不便もこの話の続きとしては唐突過ぎる。A「こんなにきれいに変わってしまって」が正解。

No.	設問と選択肢音声	設問と選択肢訳
49	甲：我想喝一杯热咖啡。 乙：你放不放牛奶和糖？ 甲：A　那来两杯冰咖啡吧。 　　B　放哪儿都行。 　　C　我喜欢吃奶糖。 　　D　都不要。	甲：ホットコーヒーが飲みたいな。 乙：ミルクと砂糖を入れる？ 甲：A　じゃ、アイスコーヒーを2杯ください。 　　B　どこに置いてもいいよ。 　　C　私はキャラメルが好きだ。 　　D　どちらもいらない。
50	甲：今天正赶上放假，所以路上车堵得厉害。 乙：十点半的飞机来得及吗？ 甲：A　那好吧，高速公路费贵吗？ 　　B　没问题，我们走高速公路。 　　C　行，从这儿到机场多长时间？ 　　D　好险！差点儿没赶上飞机。	甲：今日からちょうど休暇になったので、道路の渋滞がひどい。 乙：10時半の飛行機に間に合うだろうか？ 甲：A　じゃあいいでしょう、高速料金は高いですか？ 　　B　大丈夫、高速で行きますから。 　　C　いいですよ、ここから空港までどれくらい時間がかかりますか？ 　　D　危なかった！もう少しで飛行機に遅れるところでした。

解答と解説		
49	D	乙 "放牛奶" fàng niúnǎi「牛乳を入れる」。"niúnǎi" と "táng（糖）" の音からCの "奶糖" nǎitáng「キャラメル」を選ばないように。"热" rè「ホット」、"冰" bīng「アイス」を聞き逃すとAを選ぶ場合もあろう。Bの "放哪儿" fàng nǎr の "放" は「置く」。
50	B	"赶上" gǎnshang には「間に合う、追いつく」と「出くわす」の意味がある。設問甲の発話の "赶上" は「出くわす」の方。ちょうど今日から休暇にぶつかって道が渋滞、飛行機に間に合うかどうかと車中で気をもんでいる。時間を気にしているのであって、A高速料金が問題なのではない。Cも的外れ。Dはすでに空港に到着したか、あるいは飛行機に搭乗してしまってからの会話であって、到着以前の車中のものではない。「大丈夫、高速道路で行くから」のBが正解。

【第4部】会話散文問題

No.	音声と設問	訳
51	男：请问，去王府井坐什么车好？ 女：坐地铁也行，坐公共汽车也行。 男：这附近有地铁站吗？ 女：有，就在前面。	男：お尋ねしますが、王府井へ行くには何（どんな乗り物）に乗って行けばいいですか？ 女：地下鉄でも、バスでもいいです。 男：この付近に地下鉄の駅はありますか？ 女：あります、すぐ前方です。
51	男的要去什么地方？ A 前门。 B 王府井。 C 故宫。 D 火车站。	男性はどこへ行こうとしているのですか？ A 前門（北京の繁華街の1つ）。 B 王府井（北京で一番の繁華街）。 C 故宮。 D 駅。

解答と解説		
51	B	設問文の"去什么地方"から、行き先の場所を聞き取る心積もりをしておく。最初の発話で男性が"去王府井"の行き方を尋ねているのが分かる。

No.	音声と設問	訳
52 ～ 54	男：先来两瓶啤酒和一盘花生米。 女：好的。还要什么？ 男：你们这儿的拿手菜是什么？ 女：我们的麻婆豆腐很受欢迎。 男：那，来个麻婆豆腐，一个青椒肉丝，再来点儿水饺。 女：水饺要几两？ 男：四两。 女：两个人四两恐怕不够吧。 男：那，要八两吧。	男：まずはビール2本とピーナッツ1皿をください。 女：はい。ほかには？ 男：こちらの得意料理は何ですか？ 女：マーボー豆腐はとても人気があります。 男：じゃ、マーボー豆腐1つとチンジャオロースー1つ、それに水ギョーザをください。 女：水ギョーザは何両ですか？ 男：4両。 女：お2人で4両では恐らく足りないでしょう。 男：じゃ、8両にしよう。
52	顾客喝什么？ A 啤酒。 B 白酒。 C 乌龙茶。 D 汽水。	お客は何を飲みましたか？ A ビール。 B 白酒。 C ウーロン茶。 D サイダー。
53	哪个菜是服务员推荐的？ A 麻婆豆腐。 B 辣子鸡丁。 C 青椒肉丝。 D 花生米。	どの料理が店員のお勧めですか？ A マーボー豆腐。 B 鶏肉のさいの目切りトウガラシ炒め。 C チンジャオロースー。 D ピーナッツ。
54	顾客点了什么主食？ A 牛肉面。 B 馒头。 C 米饭。 D 饺子。	お客はどんな主食を注文しましたか？ A 牛肉麺。 B マントウ。 C ライス。 D ギョーザ。

解答と解説		
52〜54		男性の言葉の中の"拿手菜"náshǒucài は「得意料理、自慢の料理」。ウエイトレスの言う"受欢迎"shòu huānyíng は「人気がある」。
52	A	男性がまず"先来两瓶啤酒"と言っている。"啤酒"píjiǔ は最も聞き取りやすい語で、正解Ａは難なく分かる。
53	A	"麻婆豆腐"mápó dòufu、これも聞き取りやすい料理名の１つ。
54	D	中国ではギョーザは主食。それを知らなくても、選択肢にあるＡＢＣの音声は１度も出てきていない。正解はＤ。なお、ギョーザは一般的に伝統的重さの単位"两"liǎng（"１两"は50グラム）で注文する。その際"２两"は"两两"liǎng liǎng ではなく、同音を避けて"二两"èr liǎng と言う。

No.	音声と設問	訳
55 ～ 56	女：你还在看足球比赛呀。 男：现在正是精彩的地方。 女：我也有个节目想看，换个频道好吗？ 男：人家看得正高兴呢。 女：广告的时候换一下，怎么样？ 男：好吧。看一下可得马上换回来啊。	女：あなたまだサッカーを見てるのね。 男：今ちょうどいいところなんだよ。 女：私も見たい番組があるのよ、チャンネルを変えてもいいかしら？ 男：人がちょうど楽しんでいるのに。 女：コマーシャルの時に、ちょっと変えるのはどう？ 男：いいよ。ちょっと見たらすぐ戻さないとだめだよ。
55	男的在看什么节目？ A 电视剧。 B 球赛。 C 电影。 D 新闻。	男性は何の番組を見ていますか？ A ドラマ。 B 球技の試合。 C 映画。 D ニュース。
56	女的要求男的做什么？ A 把声音关小一点儿。 B 把电视关上。 C 换个频道。 D 先吃饭，再看电视。	女性は男性にどうするよう求めてますか？ A 音量を落とす。 B テレビを消す。 C チャンネルを変える。 D 先に食事をしてからテレビを見る。

解答と解説		
55	B	"还在看足球比赛" hái zài kàn zúqiú bǐsài「まだサッカーを見ている」というせりふは簡単に聞き取れよう。
56	C	女性は"我也有个节目想看" wǒ yě yǒu ge jiémù xiǎng kàn「私も見たい番組がある」ということが前提にあって"换个频道好吗" huàn ge píndào hǎo ma「チャンネルを変えてもいいかしら」と求めている。選択肢にまったく同じ言い回しで出ているが、"频道" píndào を知らないと聞き取りにくい。"广告的时候换一下" guǎnggào de shíhou huàn yíxià「コマーシャルの間に、ちょっと変える」などもヒントになろう。"人家" rénjia「人、他人」、ここでは"我"、つまり自分を指す。A"关小一点儿" guānxiǎo yìdiǎnr「ちょっと音を小さくする」。

No.	音声と設問	訳
57～58	男：您好！我想给朋友要一份入学申请表。 女：好的。您的朋友是哪国人？ 男：日本人。他想在这儿长期留学。 女：那给您这份日文的学校简介，还有申请表。 男：谢谢。多少钱？ 女：哦，这些都是免费的。	男：こんにちは！友人のために入学願書を1通欲しいのですが。 女：分かりました。あなたの友人のお国は？ 男：日本人です。ここに長期留学するつもりです。 女：それではこの日本語の学校紹介をどうぞ、それと願書も。 男：ありがとう。いくらですか？ 女：ああ、どれも無料ですよ。
57	谁要入学？ A 这位男士。 B 这位女士。 C 一位日本人。 D 女士的朋友。	誰が入学したがっているのですか？ A この男性。 B この女性。 C 1人の日本人。 D 女性の友人。
58	这位男士拿到了什么？ A 入学通知。 B 学校介绍。 C 一些钱。 D 长期签证。	この男性は、何を手に入れましたか？ A 入学通知。 B 学校紹介。 C いくらかのお金。 D 長期ビザ。

解答と解説		
57〜58		会話散文問題では、音声が流れる前に印刷された質問文と選択肢を、音をイメージして読んでおくとよい。
57	C	会話の中心となっているのは、この男性の日本の友人であることをつかむ。音声と正解選択肢が同じで、分かりやすい問題。
58	B	男性がもらったのは"入学申请表"「入学願書」と"学校简介"「学校紹介」。正解選択肢が音声と同じではなく、言い換えている点に注意。

No.	音声と設問	訳
59 ～ 60	女：请问，内科病房在什么地方？ 男：就是对面的那个楼。 女：我想看望病人，现在这个时间还可以吗？ 男：可以。探望时间到下午四点呢。	女：お尋ねしますが、内科の病室はどこですか？ 男：向かいのその棟です。 女：病人を見舞いたいのですが、今の時間でも構いませんか？ 男：構いません。面会時間は午後4時までです。
59	这儿是什么地方？ A　公司。 B　派出所。 C　医院。 D　百货商场。	ここはどこですか？ A　会社。 B　交番。 C　病院。 D　デパート。
60	女的想干什么？ A　买东西。 B　看病人。 C　谈生意。 D　打电话。	女性は何がしたいのですか？ A　買い物をする。 B　病人を見舞う。 C　商売の話をする。 D　電話をかける。

解答と解説		
59	C	"内科病房" nèikē bìngfáng「内科の病室」や"看望病人" kànwàng bìngrén「病人を見舞う」などから病院と分かる。B"派出所" pàichūsuǒ「交番」。
60	B	Cの"谈生意" tán shēngyi は「商売の話をする」。"看望" kànwàng と"探望" tànwàng、"谈"と"看"や"探"は音が近いので、誤って選ばないこと。

No.	音声と設問	訳
61～63	你说的这个问题还真挺难的。现在国内什么都有，便宜的拿不出手，太贵的咱们也承受不起，而且还得好拿。这礼物真是越来越难送了。唉，我突然想起来了：前几天我的一个日本朋友要去北京，她买了几本挂历，都不大，但是非常别致，很有日本特色。正好快到元旦了，我觉得国内的朋友会喜欢的。	あなたのおっしゃるこの問題は、やはり全く難しい。今では国内に何でもあります。安いものは恥ずかしくて人前に出せないし、そうかと言ってあまり高いのは買えないし、それに持ちやすくなければなりません。おみやげというのは本当にますます難しくなってきています。いや、急に思い出しました。数日前、私の日本の友人が北京へ行くのに、何冊かのカレンダーを買いました。どれも大きくはないけれど、一風変わっていて、とても日本らしさがありました。うまい具合に間もなく元旦ですから、国内の友人はきっと喜ぶと思いますよ。
61	现在谈的是什么问题？ A 给谁送礼物。 B 送什么礼物好。 C 在哪儿买礼物。 D 托谁送礼物。	今、話しているのは何の問題ですか？ A 誰におみやげをあげるか。 B どんなおみやげをあげたらよいか。 C どこでおみやげを買うか。 D 誰におみやげを託すか。
62	现在是什么时候？ A 暑假前。 B 春节。 C 年末。 D 一月一日。	今はいつですか？ A 夏休み前。 B 春節。 C 年末。 D 1月1日。
63	这个人是什么意见？ A 什么也不买。 B 应该去北京买。 C 请日本朋友买。 D 可以考虑买挂历。	この人の意見はどうですか？ A 何も買わない。 B 北京で買うべきだ。 C 日本の友人に買ってもらう。 D カレンダーを買うことを考えたらよい。

解答と解説		
61	B	"这礼物真是越来越难送了"「プレゼントはますます贈りにくくなってきた」。と言ってから、こんな物はどうかと提案していることからBが選ばれる。文章全体が述べていることについて把握できたかどうかを見る問題。
62	C	"正好快到元旦了"「ちょうど間もなく元旦になる」からCが選ばれる。"快…了"「間もなく…なる」が聞き取れないとDを選んでしまう。
63	D	"挂历"「壁掛け用カレンダー」が"不大"「大きくなく」、"別致"「ユニークで」、"很有日本特色"「とても日本らしい」という長所がある上、もうすぐ年が変わるから喜ばれるだろう、と言っている。これはDの「カレンダーを買うのもよい」という意見。話し手にどんなおみやげを買ったらよいか相談しているので、聞き手は、日本にいて間もなく帰国する中国人であることが推測できる。話し手は「日本人に頼んで買ってもらえばいい」とは言っていない。

No.	音声と設問	訳
64～65	同学们，你们好！现在咱们开始上课吧。我先来自我介绍一下。我姓王，是北京人。我家有三口人。我有一个女儿，上中学2年级。我负责教你们口语。今天是第一节口语课，大家也来互相自我介绍一下吧。	皆さん、こんにちは。ただいまから授業を始めましょう。まず私が自己紹介をいたします。私は王と申します。北京の出身です。3人家族で、娘が1人おります。中学2年です。私は皆さんに会話を教えます。今日は最初の会話の授業です。皆さんもお互いに自己紹介をしてください。
64	王老师的女儿是： A　小学生。 B　初中生。 C　高中生。 D　大学生。	王先生の娘さんは： A　小学生。 B　中学生。 C　高校生。 D　大学生。
65	这是什么课？ A　语法课。 B　写作课。 C　口语课。 D　体育课。	これはなんの授業ですか？ A　文法の授業。 B　作文の授業。 C　会話の授業。 D　体育の授業。

解答と解説		
64	B	中国では中学、高校ともに"中学"と言うが、ここの"中学二年级"zhōngxué èr niánjí は「中学2年」。もし「高校2年」ならば"高中二年级"gāozhōng èr niánjí や"高二"gāo èr と言う。中学は"初级中学"chūjí zhōngxué→"初中"chūzhōng、高校は"高级中学"gāojí zhōngxué→"高中"と言うことも多い。
65	C	"负责教你们口语"fùzé jiāo nǐmen kǒuyǔ「君たちの会話の授業を担当する」。"体育课"tǐyùkè「体育」。

No.	音声と設問	訳
66～67	各位游客请注意：有人拾到装有贵重物品的黑色公文包一个，现保存在公园管理处。请丢失者听到广播后，速来本处认领。如不能马上前来认领，请速与本处联系。电话5982-3765。	観光客の皆様、お聞きください。貴重品の入った黒い書類カバンを拾った方がおり、公園の管理所で保管しています。落とした方は放送後、すぐに管理所へ来て、確認の上、引き取ってください。もしもすぐに引き取りに来られなければ、速やかにこちらへご連絡ください。電話番号は5982-3765です。
66	为什么播放这个通知？ A 一个男孩儿走丢了。 B 有人拣到了钥匙。 C 有人病了，要找医生。 D 有人拾到了公文包。	どうしてこの知らせを放送したのですか？ A 男の子が1人いなくなった。 B カギを拾った人がいる。 C 病気になった人がいて、医者を探している。 D 書類カバンを拾った人がいる。
67	事情发生在什么地方？ A 公园里。 B 电影院里。 C 火车上。 D 售票处。	このことはどこで起こりましたか？ A 公園の中。 B 映画館の中。 C 列車の中。 D 切符売り場。

解答と解説		
66	D	"公文包"「書類カバン」が聞き取れなくても、その前の"装有貴重物品的"「貴重な物の入った」が分かればＡＢＣは消去される。
67	A	"公園管理処"の"公園"は聞き取れよう。しかし現実に中国で落し物を取りに行けるよう、"管理処"をはじめとして、このアナウンスがおおむね聞き取れるようになりたい。

No.	音声と設問	訳
68〜70	现在播送一条寻人启事。现在播送一条寻人启事。大约一个半小时前，一个四岁的小男孩儿在公园南门附近的游乐场走失了。他叫王占，上身穿一件花夹克，下身穿一条浅蓝色的牛仔裤，白色运动鞋，戴一顶小黄帽儿，身高1米10左右，双眼皮儿，大眼睛。如果哪位同志见到他，请迅速将他带到喷水池旁边的公园管理处，他的妈妈正在找他。王占小朋友听到广播后，请迅速到公园管理处来，你妈妈正在这儿等你。	迷子のお知らせです。迷子のお知らせです。1時間半ほど前、4歳の男の子が公園の南門付近の遊園地でいなくなりました。王占という名で、上は柄物のジャケット、下は淡いブルージーンズ、白い運動靴、小さな黄色の帽子をかぶり、身長は1.1mほど、二重まぶたで大きな目。この子を見かけた方は、すぐに噴水わきの公園管理所に連れて来てください。男の子のお母さんが探しています。王占君、放送を聞いたら、すぐ管理所に来てください。お母さんがここで待っていますから。
68	广播里在找谁？ A 小女孩儿。 B 小男孩儿。 C 工作人员。 D 孩子的妈妈。	放送では誰を探していますか？ A 女の子。 B 男の子。 C スタッフ。 D 子供の母親。
69	这是什么地方的广播？ A 游泳池。 B 公园。 C 百货商店。 D 车站。	これはどういった場所での放送ですか？ A プール。 B 公園。 C デパート。 D 駅。
70	被找的人有什么特点？ A 穿着绿夹克。 B 戴着太阳镜。 C 穿着牛仔裤。 D 戴着白帽子。	探されている人にはどんな特徴がありますか？ A 緑のジャケットを着ている。 B サングラスをかけている。 C ジーンズをはいている。 D 白い帽子をかぶっている。

解答と解説		
68	B	音声はナチュラルスピード、かなり速いと感じるかもしれない。音声開始前に、設問文の"广播里在找谁"「放送では誰を探しているところか」から、尋ね人の放送であるらしいと見当をつけ、各選択肢を読んでおき、落ち着いて聞く。そうすればさほど難しくはない。"一个四岁的小男孩儿…走失了"で、正解はB。
69	B	間違うとすれば"游乐场"yóulèchǎng「遊園地」の音声からAを選ぶかもしれない。CDはまず選ばない。迷子を見つけた人と、迷子の男の子本人に対して"公园管理处"に来るようにと呼びかけているところからも、正解はB。
70	C	惑わされやすい選択肢が並んでいる。ジャケットや帽子は、音声の情報と選択肢の色が異なっている。また、"戴着"の目的語が"帽儿"でなく"太阳镜"となっているなど、惑わしがある。ジーンズ"牛仔裤"niúzǎikù の音を知っていれば、さほど迷わずにすむだろう。

【第5部】語順問題

No.	問題文	問題文訳
71	可以： 小李，　A　我　B　用　C　一下　D　你的自行车吗？	李ちゃん、君の自転車を借りてもいい？
72	才： 我以为他是　A　日本人呢，　B　现在　C　知道　D　他是中国人。	私は彼を日本人だと思っていたのだが、今やっと中国人だと分かった。
73	我们： 他也　A　教　B　过　C　汉语　D。	彼も私たちに中国語を教えてくれたことがある。
74	放着： A　我的大衣　B　在　C　箱子里　D　呢。	私のコートはスーツケースの中に入れてある。
75	把： 我　A　还没　B　这课课文　C　学好，我还要　D　念几遍。	私はまだこの課の本文をマスターしていないので、あと数回音読する必要がある。
76	起： 他摘下　A　一片树叶　B，吹　C　一支动听　D　的曲子。	彼は木の葉を1枚摘み取ると、聞く人の心を動かす曲を吹き始めた。
77	从： 他　A　是　B　九月　C　一号　D　日本来的。	彼は9月1日に日本から来た。
78	一切： 这　A　都　B　是　C　我们　D　应该做的。	この一切のことはみな、われわれがすべきことである。
79	一眼： 她　A　生气地　B　瞪了那　C　家伙　D。	彼女は怒りを込めて、そいつをじろっとにらみつけた。
80	是： 在某些人看来，　A　计划生育　B　政策　C　一无　D　处。	何人かの人は、計画出産政策には1つも正しいところがないと思っている。

		解答と解説
71	B	能願動詞（助動詞）"可以"kěyǐは、動詞"用"yòngの前に置く。
72	C	この"才"cáiは「そこで初めて、やっと」。"以为"yǐwéiは「…と（主観的に）思う」。思い違いのときによく使う。
73	C	"教"は二重目的語をとる代表的な動詞。「"教"＋人（間接目的語）＋教えるコト（直接目的語）」の語順。したがって、間接目的語"我们"は直接目的語"汉语"の前。
74	D	"放着"が入る構文はいくつかあるが、ここでは「"在"＋場所＋動詞＋"着"」の形でモノや人がどのように存在するのかを表す。
75	B	"还"hái「まだ」、"没"méi「…していない」などの副詞は"把"bǎ「…を」の前にくる。
76	C	ここでの"起"は方向補語だがAに入れてはいけない。ここでは動詞の後ろに置かれて、ある事態が動作によって出現することを表す。
77	D	これは、時間詞"九月一号"jiǔyuè yī hàoと前置詞句"从日本"cóng Rìběn＋動詞"来"láiが"是…的"shì…deで囲われた文。うっかり"从九月一号"としないこと。もし"从九月一号"なら後ろは"来日本"など動詞句が続かなければならない。
78	A	"这一切"で「この一切のこと」。全体を統括する意味の副詞"都"は、前方に何らかの複数のものがなければならない。"这一切都是…"であればよいが、"这都一切是…"とは言えない。
79	D	借用動量詞"一眼"yì yǎn「ひと目、じろっと」は目的語の後ろに置く。"踢了狗一脚"tīle gǒu yì jiǎo「犬をひと蹴り蹴った」、"咬了鸡一口"yǎole jī yì kǒu「鶏にがぶりと噛みついた」など。"家伙"jiāhuo「こいつ」。
80	D	"一无"は「1つもない、全然ない」の意。"一无是处"は「1つも正しい所がない、何もかも間違っている」という成語。これを知らなくても、よく考えればCに入れてはいけないことが分かるはず。

【第6部】補充問題

No.	問題文	問題文訳
81	车站（　　）前边儿。 A　有 B　在 C　离 D　走	駅は前方にある。 A　ある（場所が主語） B　ある（人・モノが主語） C　…から（2点間の距離） D　行く
82	我去邮局买几（　　）邮票和几个信封。 A　片 B　封 C　张 D　块	私は数枚の切手と封筒を買いに郵便局へ行った。 A　枚、片 B　通 C　枚 D　個
83	除了北京以外，他（　　）个地方也没去过。 A　什么 B　哪儿 C　哪 D　怎么	北京以外、彼はどこへも行ったことがない。 A　何、どんな B　どこ C　どれ、どの D　なぜ、どのようにして
84	这本书我看了三天了，还没看（　　）。 A　过 B　完 C　成 D　到	この本を私は3日読んだが、まだ読み終わらない。 A　経験を表す。…したことがある B　動作の完結、完成を表す。…し終わる C　…になる、…とする D　動作の実現、到達した場所を表す。
85	小姐，我要一瓶啤酒，还要两（　　）饺子。 A　节 B　只 C　串 D　份	ウエイトレスさん、ビール1本と、それにギョーザを2人前ください。 A　時間などの区切りを数える量詞 B　小動物などを数える量詞 C　連なったものを数える量詞 D　セットになったものを数える量詞

		解答と解説
81	B	人やモノがある場所に存在すると言う場合の動詞は"在"。「特定の人・モノ＋"在"＋場所」。なお、場所が主語のときは、動詞が"有"になる。
82	C	切手"邮票"yóupiào の量詞は"张"zhāng「枚」。A"片"piàn は薬、木の葉、雪片など「平たくて薄いもの」。D"块"kuài は肉や豆腐など「ひとかたまりになったもの」あるいは黒板やハンカチなど「四角く平たいもの」を数える。
83	C	疑問詞が不定や任意のものを指す「疑問詞＋"也/都"…」の用法。"（　）个地方"なので"哪儿"ではなく、"哪"のCが正解。なお、Aの"什么"は"什么地方"「どこ」であって"什么个地方"とは言わない。
84	B	"这本书我看了三天了，……"「この本を私は3日読んだが」は現在に至るまで読んでいることを表すので、後ろは「まだ読み終わらない」となる結果補語を選ぶ。
85	D	量詞の問題。Aは物や時間の区切り"一节车厢"「車輌1輌」、"两节课"（2コマの授業）など、Bは動物"一只猫"や対の一方"一只手"、Cは数珠つなぎになっているもの"一串葡萄"yí chuàn pútao など。料理に使えるのは「…人前」と数えるときの量詞"份"のみ。

No.	問題文	問題文訳
86	这种服装款式新颖，很（　）消费者欢迎。 A　收 B　取 C　得 D　受	この種の服のデザインは目新しいので、消費者にとっても人気がある。 A　（中に）入れる。（物を）受け取る B　（物をある場所から）取る、選び取る C　得る、獲得する D　受ける、もらう
87	这个电影你（　）想看第三遍吗？ A　还 B　再 C　不仅 D　更	この映画をあなたは3回目も見たいのですか？ A　今なお、引き続き B　再び C　…ばかりでなく D　さらに、いっそう
88	这次进修的计划已经定（　）了。 A　下来 B　起来 C　上来 D　过来	今回の研修計画はもう決定した。 A　動作や行為の結果が「安定する」 B　動作や行為が「開始、継続する」 C　動作や行為が「完成する」 D　話し手の方へ「移動してくる」
89	她这个人太（　）了，从来不听别人的意见。 A　自以为是 B　自言自语 C　自知之明 D　自顾不暇	彼女という人は、なんてひとりよがりなんだろう、これまで人の意見を聞いたことがない。 A　自分だけが正しいと思う B　独り言を言う C　身の程をわきまえる聡明さ D　己を顧みる暇さえない、人のことはかまっていられない
90	今天我要考五（　）课。 A　门 B　班 C　类 D　篇	今日は5科目の試験を受けなければならない。 A　教科などを数える量詞 B　組や集団を数える量詞 C　種類を数えるときの量詞 D　文章などを数える量詞

		解答と解説
86	D	"受欢迎"は「歓迎を受ける」から「人気がある」の意。この動詞句は程度副詞"很"の修飾を受けることにも注意したい。"很受消费者欢迎"で「消費者にとても人気がある」。
87	A	"还想再看一遍"のように、"还"hái は助動詞"想"xiǎng の前に、"再"zài は後に置く。Cの"不仅"bùjǐn は「単に…だけでなく」。
88	A	A〜Dのいずれも方向補語。ここでは派生的な意味で使われている。動詞＋"下来"は動作や行為の結果が「安定する」ことを表す。"写下来"xiěxialai「書き留める」など。
89	A	"不听别人的意见"「人の意見を聞かない」とあるから、A"自以为是"「自分だけが正しいと思う」が正解。B"自言自语"は「独り言を言う」、C"自知之明"は「身の程をわきまえる聡明さ」、D"自顾不暇"は「己を顧みる暇さえない。人のことはかまっていられない」。
90	A	量詞の問題。ここの"课"は"考"「試験を受ける」なので「科目」の意。学科や科目などの量詞は"门"。

No.	問題文	問題文訳
91	（　　）下这么大雨，我（　　）要去。 A　尽管……还是…… B　不管……都…… C　既……又…… D　无论……就……	こんな大雨だが、私はやはり行かなければならない。 A　…だが、やはり～ B　…であるなしを問わず～だ C　…でもあり、また～でもある D　"不管"の書面語
92	我只不过说说（　　），你何必当真呢？ A　来着 B　着呢 C　的了 D　罢了	私はただちょっと言ってみたにすぎないのだから、なにも真に受けることはないだろう。 A　（過去の回想）…していた B　（形容詞の後ろで）程度を強める。 C　"的"＋"了" D　…にすぎない

解答と解説		
91	A	「こんな大雨が降る」と「行かねばならない」とはどういう意味関係でつながるのか。「大雨だけれども、行かなければならない」とつながるはずで、定型呼応構文の"虽然…但是～"と同じ意味の"尽管…还是～"「…だが、やはり～」のAが正解。
92	D	正解のD "罢了" bàle は "不过…罢了" "只不过…罢了" などの呼応の形で「ただ…したにすぎない」という語気を表す助詞。"只不过说说罢了"で「ただちょっと言ってみにすぎない」。A "来着" láizhe、B "着呢" は、例えば次のように言う。A "是听谁说的来着"「誰が言ったことだったっけ」、B "富士山高着呢"「富士山は高いんだ」。Cは "的" ＋ "了" でこういう助詞はない。

145

No.	問題文	問題文訳
93〜96	先将茶具（ 93 ）沸腾的开水冲洗加温后，放入适量茶叶，（ 94 ）以沸水冲泡（ 95 ）可。放一次茶叶，可依个人喜爱连续冲泡数次。使用陶制茶具冲泡，风味（ 96 ）佳。	まず茶器を沸騰したお湯ですすいで温めた後、適量の茶葉を入れ、それから沸騰したお湯を注げばよろしい。1度茶葉を入れれば、お好みで何度か続けていれることも可。陶製の茶器を使えば、味わいはさらによし。
93	A 由 B 用 C 于 D 给	A （行為者、成分、原因などを表し）…によって B （道具、材料など）…で C （場所、時点、範囲など）…で、…に D （手紙、物、挨拶の相手、利益や被害の相手を表し）…に
94	A 再 B 又 C 还 D 也	A 再び、（…になって）それから B また（…する） C さらに、その上 D …も
95	A 是 B 系 C 正 D 即	A …である B 関係する C ちょうど D すぐに、ただちに
96	A 更加 B 更 C 进一步 D 并且	A さらに、いっそう B さらに、いっそう C ますます、一歩進んで D しかも

解答と解説		
93	B	道具、材料、方法などを表し、「…で（～する）」。
94	A	"先…再～"の常用呼応表現。「まず…して、それから～する」。
95	D	"即"は書面語で「すぐに、ただちに」という意味の副詞。口語の"就"に相当。
96	B	「さらに、いっそう」を表す副詞。A"更加"も「さらに」という副詞だが、Bを選び"风味更佳"と四字句にする。また、問題文では後ろに"佳"が続くので、Bを選ぶことで gèngjiā jiā という同音の連続が避けられる。

No.	問題文	問題文訳
97～100	在饭馆，一个顾客要了一盘猪肉，服务员送来时，他说颜色不好，服务员给他换了一只鸡。（ 97 ）他把鸡吃完了，站起来就（ 98 ）走，服务员（ 99 ）他要钱，他说："我吃的鸡不是用猪肉换的吗？"服务员说："那猪肉也没（ 100 ）呀！"他马上回答："我没吃猪肉呀！"说完，就得意地走了。	レストランで、ある客が豚肉料理を1皿注文した。ウエイター（またはウエイトレス）がそれを運んでくると、その客が、色がよくないと言ったので、ウエイターは鶏肉と取り替えた。まもなく、客は鶏を食べ終えると、立ち上がって帰ろうとした。ウエイターが代金を請求すると、客は「私が食べた鶏は豚肉と取り替えたんじゃなかったのかい？」と言った。ウエイターが「だったら、豚肉もお金を払っていませんよ」と言うと、客はすぐに答えて「私は豚肉は食べてないよ」と言い終わると、得意げに帰っていった。
97	A　一块儿 B　一点儿 C　一边儿 D　不一会儿	A　一緒に B　ちょっと C　ものの片側 D　いくらもしないうちに
98	A　要 B　会 C　能 D　可以	A　…しようとする B　…するはずだ C　…できる D　…してもよい
99	A　给 B　跟 C　对 D　替	A　…に B　…と C　…に対して D　…に代わって
100	A　攒钱 B　找钱 C　交钱 D　挣钱	A　お金を集める、貯める B　おつりを出す C　お金を手渡す、払う D　お金をかせぐ

解答と解説		
97	D	"一块儿"、B "一点儿"、C "一边儿"、いずれも文の内容にそぐわない。ほどなくして食べ終わると立ち上がったのである。D "不一会儿"が正解。
98	A	正解のA "要"は何かをする意思を表す助動詞。「（立ち上がると）帰ろうとした」。ＢＣＤは可能性、能力、許可などを表す助動詞で、文意からいずれも不可。
99	B	介詞（前置詞）を選ぶ問題。正解のB "跟"は、金銭のやり取りなど甲乙双方の参加によってある行為が成り立つ場面で、一方が相手に何かをもちかける場合に使う双方向性のもの。迷うとしたら "对"。"对"は相手に一方的に言ったり行ったりする場合に使う。
100	C	A "攒钱" cuán qián は「お金を集める、お金を出し合う」、"攒钱" zǎn qián と読めば「お金を貯める」。Bは「つり銭を出す」、C「お金を払う」はほかに "付钱" fù qián とも言う。D「（働いて）お金をかせぐ」が "挣钱" zhèng qián、「お金を儲ける」は "赚钱" zhuàn qián。ＡＢＤはいずれも文意にそぐわない。

【第 7 部】語釈問題

No.	問題文	問題文訳
101	<u>老两口</u>总是和和气气的，看了让人羡慕。 A　俩老头儿 B　老年夫妻 C　老姐俩儿 D　老邻居	老夫婦はいつでも和気藹々としていて見る人をうらやましがらせる。 A　2人の老人 B　老夫婦 C　（老婦人）お2人 D　昔からの隣人
102	孩子说将来要当<u>大夫</u>。 A　大官儿 B　作家 C　律师 D　医生	子供は将来医者になりたいと言っている。 A　大役人、お偉いさん B　作家 C　弁護士 D　医者
103	他的汉语说得真<u>不错</u>。 A　好 B　不好 C　不行 D　差	彼の中国語は、話すのが本当にうまいね。 A　うまい B　うまくない C　だめだ D　劣っている
104	你别着急，我去<u>打听</u>一下。 A　问 B　听 C　说 D　做	君、あせらないで、僕が聞きに行くから。 A　尋ねる B　聞く C　話す D　する
105	得了吧，谁都知道你爱<u>吹牛</u>！ A　讲好话 B　发牛脾气 C　吵吵闹闹 D　说大话	もうよせよ、君がほら吹きだってことはみんな知っているさ！ A　お世辞を言う B　強情を張る C　騒がしい D　ほらを吹く

解答と解説		
101	B	"羡慕"「うらやむ」。A"俩"liǎは"两个"liǎng ge のこと。"俩老头儿" liǎ lǎotóur で「2人の老人」。D"邻居"línjū は「隣人」。この場合の"老"は「昔からの、古い、長い」。
102	D	"大夫"は口語で「医者」。正解のD"医生"は医学生でなく、「医者」。"大夫""医生"とも呼びかけに使うことができる。A"大官儿"「大役人、お偉いさん」、C"律师"「弁護士」。
103	A	"不错"búcuò は「悪くない、なかなかよい」。D"差"chà「劣っている、足りない」。
104	A	"打听"dǎtīng は「尋ねる」。答えはBの"听"tīng ではなくAの"问"wèn。
105	D	"得了"dé le は「分かった、もういい」と話を終わらせるときに用いる。"吹牛"chuīniú は「ほらを吹く、大きなことを言う、大風呂敷を広げる」。A"好话"hǎohuà「うまい言葉、甘い話、おべっか」。B"牛脾气"niúpíqi「頑固で強情な性質」。C"吵闹"chǎonào「騒がしい」。

No.	問題文	問題文訳
106	大家都夸他很能干。 A 讨厌 B 讨论 C 吹捧 D 称赞	みな誰もが彼は仕事ができると褒める。 A 嫌がる、嫌う B 討論する C おだてる、もちあげる D 称賛する
107	你们公司一个月的薪水是多少？ A 工资 B 产量 C 奖金 D 开支	あなたの会社の1ヶ月の給料はいくらですか？ A 給料 B 生産高 C ボーナス D 支出、支払い
108	上海南方商场开张后，实行了会员制。 A 扩大 B 开始装修 C 开放 D 开始营业	上海南方商場は営業開始後に会員制をとった。 A 拡大する B 改修を始める C 公開する D 営業を始める
109	婚礼上，来了许多亲友。 A 亲热的老友 B 亲密的朋友 C 亲戚和朋友 D 亲信和好友	婚礼にたくさんの親戚と友人が来た。 A 真情あふれる旧友 B 親しい友人 C 親戚と友人 D 信頼できる人とよい友
110	我在路上几乎摔倒。 A 差点儿 B 好几次 C 一下子 D 不在乎	私は道で危うく転ぶところだった。 A もう少しで、危うく B 何度も C 急に D 気にかけない

解答と解説		
106	D	"夸"は「褒める」。正解はD"称赞"「称賛する」。A"讨厌"「嫌う、嫌がる」、B"讨论"「討論する、検討する」、C"吹捧"「おだてる、もちあげる」。
107	A	"薪水"は「給料」のこと。これと同義はAの"工资"。C"奖金"「ボーナス、賞金」、B"产量"「生産高」、D"开支"「支出、支払い」。
108	D	"开张"kāizhāng「開店する」。B"装修"zhuāngxiū。D"营业"yíngyè。
109	C	"亲友"qīnyǒu は日中同形異義語、日本語の「親友」と間違わないこと。親友ではなく、「親戚と友人」。文字から見て日本人が間違えやすい語の1つ。
110	A	"几乎"には「ほとんど、…に近い」と「もう少しで、危うく」を表す2つの用法がある。ここは後者の用法で、"几乎摔倒"は「もう少しで転ぶところだった」。A"差点儿"が正解。B"好几次"「何度も」、C"一下子"「急に」、D"不在乎"は「気にかけない」。

No.	問題文	問題文訳
111	看东西看久了我的眼睛就有点儿<u>花</u>。 A　有神 B　发痒 C　模糊迷乱 D　流眼泪	ものを長く見過ぎると、私の目は少しかすんでしまう。 A　生き生きしている B　かゆくなる C　ぼんやりとしてはっきりしない D　涙を流す
112	才干了两天他就觉得<u>吃不消</u>了。 A　不消化 B　吃不下 C　受不了 D　吃不了	たった2、3日やっただけで彼はたまらないと思った。 A　消化しない B　食べられない C　耐えられない D　食べ切れない
113	他这个人太老实，容易<u>吃亏</u>。 A　吃苦 B　受累 C　受损失 D　挨饿	彼という人は人がよすぎて、損をしやすい。 A　苦労する B　苦労する、骨を折る C　損をする D　ひもじい思いをする
114	看样子那个人好像有<u>牢骚</u>。 A　不满 B　前科 C　主意 D　困难	どうもあの人は不満があるようだ。 A　不満 B　前科 C　考え D　困難
115	你这辈子算是被他<u>坑</u>了。 A　害 B　救 C　贬低 D　埋	あなたの一生は彼にひどい目にあわされてしまったと言える。 A　損害を与える B　救う C　けなす D　埋める

解答と解説		
111	C	この"花"は「(目が)かすむ」。Cの"模糊迷乱"「ぼんやりとしてはっきりしない」が正解。A"有神"「生気がある」、B"发痒"「かゆくなる」、D"流眼泪"「涙を流す」。
112	C	"才"cáiは「たった」、"两天"liǎng tiānは「2、3日」。"吃不消"chībuxiāoは「閉口する、やりきれない」。A"消化"xiāohuà。B"吃不下"chībuxiàは「満腹で食べられない」。C"受不了"shòubuliǎo。D"吃不了"chībuliǎoは「たくさんありすぎて食べられない」。
113	C	"吃亏"は「損をする、ばかを見る」。正解はC"受损失"「損をする」。A"吃苦"「苦労する」、B"受累"「骨を折る、苦労する」、D"挨饿"「ひもじい思いをする」。
114	A	"看样子"kàn yàngzi は「見たところ…のようだ」。"牢骚"láosaoは「不平、不満、愚痴」。B"前科"qiánkē。C"主意"zhǔyi は「しっかりした意見、考え、知恵」。D"困难"kùnnan。
115	A	"坑"kēng は名詞では「くぼみ、穴」、動詞では「陥れる、ひどい目にあわせる」。C"贬低"の発音はbiǎndī。正解はAの"害"「損害を与える、よくない結果を与える」。

No.	問題文	問題文訳
116	抽烟时，要先让一让别人，不然别人会觉得你小气。 A 小心 B 没胆量 C 吝啬 D 气量小	タバコを吸うとき、まず人に勧めなければ、あなたはけちだと思われてしまうだろう。 A 注意する B 度胸がない C けちけちする D 度量が狭い
117	完成这个任务，我们都有把握。 A 信心 B 理解 C 办法 D 要点	この任務をやり遂げるのに、私たちはみな自信がある。 A 自信 B 理解 C 方法 D 要点
118	我至今还不时想起当时的情景。 A 忽然 B 偶然 C 经常 D 偶尔	私は今でもしばしば当時の情景を思い出す。 A 急に、にわかに B 偶然に、たまたま C いつも、よく D たまに
119	这是什么玩艺儿？ A 东西 B 笑话 C 玩具 D 艺术	これはどういったものなのか？ A もの B 冗談 C おもちゃ D 芸術
120	请向上级单位反映一下这些问题。 A 反应 B 汇报 C 传达 D 响应	これらの問題を上の部門へ報告してください。 A 反応する B 報告する C 伝える D 応じる

解答と解説		
116	C	この"小气"は「けちである」。正解はC"吝啬"「けちなことをする」。A"小心"「注意する、気をつける」、B"没胆量"「度胸がない」、C"气量小"「度量が狭い」。
117	A	"把握"bǎwòは動詞「握る、把握する、理解する」以外に、名詞で「自信、賞賛」、"有"と結び"有把握"と言う。A"信心"「自信」が正解。
118	C	"不时"bùshíは「しばしば、度々、折につけ」。A"忽然"hūránは「状況の発生が急で、しかも意外なこと」。B"偶然"ǒuránは「起こりそうもないことや思ってもみなかったことがたまたま発生する」。D"偶尔"ǒu'ěrは「たまに発生する、発生の頻度が低い」。
119	A	"玩艺儿"wányìrには「玩具、大衆演芸」のほかに、「もの、しろもの」といった意味があり、この「もの、しろもの」には軽くけなすニュアンスがある。"这是什么玩艺儿？"は「これはいったいどういったしろものなんだ？」の決まった言い方。
120	B	"单位"dānwèiは基幹や団体及びその各部門、または職場。"反映"fǎnyìng「報告する、伝達する」。A"反应"fǎnyìng。B"汇报"huìbào「状況を取りまとめて上級機関や一般へ報告すること」。C"传达"chuándá「伝達する、取り次ぐ」。D"响应"xiǎngyìng「呼応する」。

【第8部】読解問題

No.	問題文	問題文訳
121〜122	飞飞："龙龙，为什么母鸡的腿这么短呢？" 龙龙："这还不懂，要是母鸡的腿长，下蛋的时候鸡蛋不就摔坏了吗？"	飛飛：「龍龍、どうしてメンドリの脚はこんなに短いの？」 龍龍：「こんなことも分からないの、もしメンドリの脚が長かったら、卵を産むとき、卵が落っこちて割れちゃうじゃないか！」
121	龙龙说话时的口气怎么样？ A 很犹豫。 B 很有把握。 C 很放心。 D 很担心。	龍龍が話した時の口ぶりは？ A とてもためらっている。 B とても自信がある。 C とても安心している。 D とても心配している。
122	对飞飞提出的问题龙龙的回答是： A 他也不知道。 B 母鸡的腿不能那么长。 C 腿越长越好看。 D 母鸡不下蛋了。	飛飛が出した問題に対する龍龍の答えは： A 彼も知らない。 B メンドリの足は長いとだめだ。 C 足は長ければ長いほどきれいだ。 D メンドリは卵を産まなくなった。

解答と解説		
121	B	訳を参照。B "很有把握"「とても自信がある」が正解。A「とてもためらっている」、C「とても安心している」、D「とても心配している」。
122	B	龍龍のせりふ "这还不懂…" を「これはまだ分からない」と理解してしまってはいけない。全訳参照のこと。正解はB「メンドリの足は長いとだめだ」。A「彼も知らない」、C「足は長ければ長いほどきれいだ」、D「メンドリは卵を産まなくなった」、いずれも違う。

No.	問題文	問題文訳
123～125	中国邮政标志颜色的由来 　　中国邮政为什么用绿色作为标志色呢？说来也有个过程。 　　汉朝时，驿卒的头巾和衣袖都用红色。唐朝的民间传说中，将传递信息的鹦鹉称为"绿衣使者"，这是绿色最早与通信结合。 　　清代海关试办邮政时规定邮差制服为黑色，直到1881年，海关税务司又规定，邮务供事在值班时应穿下列制服：灰色或蓝色的裤子，蓝色并钉有海关纽扣的上褂，加上海关制帽。清政府开办国家邮政之后，明确规定黄、绿两色适用于"信筒、信箱、各种邮车、邮船以及除牌匾外其他观瞻所系的器具"，但邮政员工服装的颜色仍为蓝色。 　　中华邮政时期，信差与邮差的服装颜色不尽相同。"一战"结束后，邮政员工服装的颜色逐渐统一为深蓝色。直到邮政权收回后，邮政当局认为，绿色代表平安、和平，邮政可以沟通人类思想感情及文化，有促进世界和平之功能，所以邮政员工的服装颜色才一律使用绿色。 　　新中国成立以后，人民邮政认为绿色象征和平、青春、茂盛与繁荣，所以依然使用绿色作为标志色，邮递员被人民群众亲切地称为"绿衣使者"。总之，从古代的红色到近代的黑色、蓝色，最终到绿色，颜色的变迁反映了时代的进步和社会的发展，记录了邮政员工的辛勤劳动，也寄寓了群众对人民邮政的信任和期望。	中国郵便行政のトレードカラーの由来 　中国郵便行政はなぜ緑色をトレードカラーとして使っているのだろうか？それにはちょっとした歴史がある。 　漢代には、宿駅の小役人の頭巾と服の袖に赤を使っていた。唐代の民間伝説の中では、情報を伝えるオウムを「緑衣の使者」と呼んでおり、この時初めて緑色と通信が結びついた。 　清代の税関が郵便行政を試行した時、郵便配達夫の制服を黒に定め、1881年になって、税関税務司は郵便業務の勤務時に以下のような制服を着なければいけないと定めた：灰色または青のズボン、青色で税関のボタンがついている上着、加えて税関の帽子。清朝政府は国の郵便行政を始めた際に、黄色と緑の2色を「郵便ポスト、私書箱、各種の郵便配達車、郵便配達船及び扁額以外その他に目にする用具」に使用すると指定したが、郵政職員の服の色は相変わらず青のままだった。 　中華民国の郵便行政の時期には、公文書配達員と郵便配達夫の服の色は多少違っていた。第1次世界大戦が終わってから、郵政職員の服装は次第に紺色に統一されていった。郵政権が戻ってから、郵政当局は緑が平安や平和を代表し、郵政は人類の思想や感情及び文化を交流させることができ、世界平和を促進させると

考え、職員の服装には一律に緑を使用するようにした。

　新中国の設立後、人民郵政は緑色が平和、青春、隆盛や繁栄を象徴すると考えたので、依然として緑色をトレードカラーとして使い、郵便配達員は人民大衆に「緑衣の使者」と親しみをこめて呼ばれるようになった。つまり、古代の赤から近代の黒、青、そして最後には緑と、色の変遷は時代の進歩と社会の発展を反映し、郵政職員の勤勉な労働を記録し、また大衆の人民郵政に対する信頼と期待を託されてきたのである。

No.	問題文	問題文訳
123	"绿衣使者"原来是指： A 一种鸟 B 驿卒 C 信差 D 邮车	「緑衣の使者」とは本来： A １種の鳥 B 駅で働く小役人 C 公文書配達人 D 郵便車
124	历史上与中国邮政毫无关系的颜色是： A 红色 B 黄色 C 黑色 D 橙色	歴史的に中国の郵便事業と無関係の色は： A 赤 B 黄色 C 黒 D 橙色
125	绿色的象征意义之一是： A 快捷 B 亲切 C 健康 D 和平	緑色が象徴している意味の１つは： A 素速い B 親しみ C 健康 D 平和

解答と解説		
123	A	第2段落に唐代の民間の伝説に出てくるとある。"鹦鹉"yīngwǔは「オウム、インコ」。B "驿卒" yìzú、C "信差" xìnchāi「公文書配達人」。第3段落の"邮差" yóuchāi は「郵便配達人」。
124	D	第2段落に漢代では赤が用いられた、第3段落に清朝では制服を黒にしたとあり、黄色と緑を郵便ポストなどに使用したとある。
125	D	第4段落に"绿色代表平安，和平"、第5段落に"绿色象征和平，…"とある。"象征"xiàngzhēng「象徴する」。

No.	問題文	問題文訳
126 ~ 128	老李今年52岁，在一家工厂烧锅炉，有30多年的工龄了。妻子提前退休，每月拿600元的退休金。一个儿子大学毕业后刚刚参加工作，家中三口人没有吃闲饭的。这一家人的工资收入在工薪阶层属于中上等的水平，而且花钱最多的时候已经过去了，夫妻两人身体也没什么大病，按说老两口应该吃点喝点穿点，好好享受了吧？可两人还是照样省吃俭用，舍不得花钱。	李さんは今年52歳で、ある工場でボイラー工として、30年以上勤務している。妻は定年を繰り上げて退職し、毎月600元の年金をもらっている。一人息子は大学を卒業し就職したところで、家族3人に徒食しているものはいない。この家族の所得は給与生活者の中でも中・上流のレベルで、しかも支出の一番多い時期はすでに過ぎ、夫婦ともに特に大病もしていないので、本来ならば老夫婦はいいものを食べたり飲んだり着たりして、大いに人生を楽しむべきであろう。しかし2人は相変わらず倹約をして、お金を使いたがらない。
126	不符合文章内容的是： A 儿子大学刚毕业，不是待业青年。 B 老李已经退休。 C 老李的老伴儿已经不工作了。 D 他们全家人都有收入。	この文章の内容に合わないものは： A 息子は大学を卒業したところで、失業中ではない。 B 李さんはすでに退職した。 C 李さんの奥さんはすでに働いていない。 D 彼らの家は全員収入がある。
127	老两口的生活方式如何？ A 节约用钱。 B 大吃大喝。 C 尽情享受。 D 穷奢极欲。	老夫婦の生活スタイルはどうですか？ A 倹約している。 B 派手に飲み食いしている。 C 思いきり楽しんでいる。 D 贅沢の限りを尽くしている。
128	"吃闲饭"的意思是： A 吃很多饭。 B 吃剩饭。 C 只吃饭不做事，没有经济收入。 D 节假日在外面吃饭。	"吃闲饭"の意味は： A ご飯をたくさん食べる。 B 残ったご飯を食べる。 C 仕事はしないでご飯だけを食べ、収入はない。 D 祝日や休日に外食する。

解答と解説		
126〜128		"工薪阶层" gōngxīn jiēcéng「給与生活者」。"按说"「理屈から言えば」。
126	B	A "待业" dàiyè は「職業の分配を待っている」、すなわち失業中のこと。4行目に"刚刚参加工作"とある。C "老伴儿" lǎobànr「連れ合い、伴侶」。2行目に"妻子提前退休"「妻は繰り上げて退職した」とある。D 李さんはもちろん、息子も就職し、妻も"每月拿600元的退休金"とある。
127	A	"节约用钱" jiéyuē yòng qián。B "大吃大喝" dà chī dà hē。C "尽情享受" jìnqíng xiǎngshòu。D "穷奢极欲" qióng shē jí yù。最後のほうに"省吃俭用, 舍不得花钱" shěng chī jiǎn yòng, shěbude huā qián とある。"舍不得"は「(使うこと)を惜しむ、…したがらない」。
128	C	"吃闲饭" chī xiánfàn「無駄飯を食う、徒食する」を知らなくとも、李さん一家の状況から推測できよう。B "剩饭" shèngfàn。D "节假日" jiéjiàrì。

No.	問題文	問題文訳
129〜132	平时帮顾客做头发的时候，他们都向我打听，有没有什么护理头发的秘诀。其实很简单，只要你把头发当成皮肤一样经常清洁细心护理，就会变得很漂亮。特别对于那些追求时髦的女孩子来说，经常洗发是很重要的。就像《诗芬》的高品质，既不给头发和头皮伤害，又会使头发更漂亮。国内的很多女孩子喜欢尝试不同品牌的洗发露，而在许多发达的西方国家，追求时髦往往就是选定一个品牌，很少更换。不然的话，头发和头皮就会因为要不断适应新的刺激而受伤，同时这也正是时尚个性的最好体现。 　　　北京西单美容城　　　院长：孙术燕	普段、顧客の髪のセットをしている時、彼らはみな、髪の手入れに何か秘訣はあるのかと私に尋ねる。実は簡単なことで、髪を皮膚と同じく常に清潔にし、注意深く手入れしさえすればきれいになるのだ。特におしゃれに敏感な女性にとって、洗髪はとても重要である。「ソフィーナ」のような高級品であれば、髪と頭皮にダメージを与えず、よりきれいになるはずだ。国内の女性の多くはいろいろ違ったシャンプーを試してみるのを好むが、多くの先進国では、おしゃれとは往々にして１つのブランドを決めることであって、めったに換えたりはしない。そうでなければ、髪と頭皮が次々と新しい刺激によってダメージを受けてしまう。同時にこれはまさしく、流行の特質を最もよく表してもいる。 北京西単美容院　　　　院長：孫術燕

第1回

No.	問題文	問題文訳
129	来美发厅的客人常常问什么？ A 有没有好的洗发露？ B 应该怎么样护理头发？ C 西方女孩子怎么样护理头发？ D 需不需要追求时髦？	美容院に来る客はいつも何を尋ねるか？ A よいシャンプーはあるか？ B どのようにして髪を手入れするのか？ C 西欧の女性はどのように髪を手入れしているのか？ D 流行を追いかける必要があるか？
130	护理头发的秘诀是什么？ A 追求时髦。 B 经常保持干净。 C 定期请美发师做头发。 D 经常更换洗发露。	髪の手入れの秘訣は何か？ A 流行を追う。 B 常に清潔に保つ。 C 定期的に美容師にセットしてもらう。 D しょっちゅうシャンプーを換える。
131	国内女孩子的护发跟西方国家的有什么不同？ A 国内女孩子经常洗头发。 B 国内女孩子只选定一个品牌。 C 国内女孩子试用各种牌子的洗发露。 D 国内女孩子看不起西方国家的女孩子。	国内の女性の髪の手入れは、西欧諸国のそれとどんな違いがあるか？ A 国内の女性は常に洗髪する。 B 国内の女性は１つのブランドに決めている。 C 国内の女性は各種ブランドのシャンプーを試用する。 D 国内の女性は西欧の女性を見下している。
132	选定一个品牌对护发有什么好处？ A 可以表现个人固有的风格。 B 可以学会美发师的技术。 C 可以减少对头发的刺激。 D 可以节省美发费用。	１つのブランドを選んで決めておくと、髪の手入れに対してどんな利点があるか？ A その人固有の風格を表すことができる。 B 美容師の技術をマスターできる。 C 髪へのダメージを少なくすることができる。 D 髪の手入れの費用を節約できる。

解答と解説		
129〜132		文中の"时髦"shímáo は「流行」で、"追求时髦"zhuīqiú shímáo は「流行を追いかける」の意だが、結局「おしゃれを追う→おしゃれに敏感な、おしゃれな」の意に近く使われる。
129	B	"有没有什么护理头发的秘诀"の"护理"hùlǐ は「保護し手入れする」、"秘诀"mìjué は「秘訣」。つまり「どのように髪を保護し、手入れすればよいのか」のBが正解。Aの"洗发露"はシャンプー、髪の毛の"发"は第4声の fà。
130	B	"只要…就〜"は定型呼応構文「…しさえすれば〜になる」。"只要…经常清洁…、就会变得很漂亮"「常に清潔にしさえすれば、きれいになる」とある。
131	C	西側の"洗定一个品牌，很少更换"に対し、"国内的很多女孩子喜欢尝试不同品牌"とある。なお"品牌"pǐnpái はブランドの製品。"更换"の発音は gēnghuàn。
132	C	"很少更换，不然的话…"「めったに換えない、そうでなければ髪がダメージを受ける」、つまり1つに決めると刺激が少ない。

No.	問題文	問題文訳
133〜136	近年来，随着经济收入和生活水平的提高，许多农民的消费观念悄然发生了变化，花明天的钱享受今天的生活观念已被越来越多的人所接受。银行适时推出贷款消费业务，这样不仅为自身和商家带来便利，也顺应了农民的消费需求。去年9月份以来，农行津南支行推出了住房贷款、助学贷款等一系列贷款项目，截至目前共办理70余笔，金额达800多万元。该行与当地月坛商厦签订大额耐用品消费贷款后，购买电脑、音响、手机的人四成以上是贷款消费，许多寻常百姓因此圆了电脑梦、手机梦。一位刚刚办理完汽车消费贷款的男子说："敢花明天的钱，证明我们对今后农村发展充满了信心。"	近年来、収入と生活水準の向上にともなって、多くの農民の消費観念に、静かな変化が現れてきた。明日（将来）のお金を使って今日（今）の生活を享受するという考えは、ますます多くの人に受け入れられるところとなっている。銀行はタイムリーに消費ローン業務を始め、こうして自らと商店の便宜が図られただけでなく、農民の消費要求にもかなうこととなった。昨年の9月以来、農業銀行津南支店では、住宅ローン、教育ローンなど、一連のローン商品を展開し、現在までに合計70件あまりが取り扱われ、金額は800万元あまりに達した。当該銀行が当地の月壇デパートと高額耐久商品の消費ローン契約を結んでからは、パソコン、ステレオ、携帯電話などを購入する人の4割以上がローンを利用した。多くの一般庶民がこうしてパソコンや携帯電話の夢をかなえている。自動車ローンを契約したばかりの1人の男性がこう言った。「明日のお金を思い切って使うことは、私たちが今後の農村の発展に対して、自信に満ち満ちていることの証明です。」

第1回

No.	問題文	問題文訳
133	"消费观念悄然发生了变化"是指什么？ A　为"明天"的生活而存款的农民越来越多了。 B　农民越来越不敢花钱了。 C　有多少钱花多少钱。 D　通过银行贷款满足自己的物质需求。	「消費観念に静かな変化が現れてきた」とは何を指しますか？ A　将来の生活のために貯金する農民がますます多くなってきた。 B　農民はますますお金を使おうとしなくなった。 C　お金があればあるだけ使う。 D　銀行のローンによって自分の物質的要求を満足させる。
134	月坛商厦售出的电脑、手机有多少是贷款消费？ A　大多数是通过贷款买的。 B　一半是通过贷款。 C　全是通过贷款买的。 D　将近一半是通过贷款买的。	月壇デパートが販売したパソコン、携帯電話はどれくらいがローン利用でしたか？ A　大多数がローンで購入した。 B　半数はローンで購入した。 C　すべてがローンで購入した。 D　半分近くがローンで購入した。
135	以下商品中，文中没有提到的是： A　电脑 B　手机 C　音响 D　摩托车	次の商品のうち、文中で言及していないのは： A　パソコン B　携帯電話 C　ステレオ D　バイク
136	与本文内容不相符的是： A　银行积极推行购物贷款。 B　银行贷款业务扩大了。 C　农民的收入没有变化。 D　经济的发展使农民的消费观念有了改变。	本文の内容と合わないものは： A　銀行は積極的にショッピングローンを推進している。 B　銀行のローン業務は広がった。 C　農民の収入には変化がない。 D　経済的な発展は農民の消費観念に変化をもたらした。

解答と解説		
133 〜 136		新聞記事。初級者、中級者にとっては見慣れない単語も多く、難しく感じるだろう。しかし、投げ出してはいけない。
133	D	全訳参照。A「将来の生活のために預金する農民がますます多くなった」、B「農民はますますお金を使おうとしなくなった」、C「お金があればあるだけ使う」のいずれも本文の内容と異なる。D「銀行のローンによって自分の物質的需要を満足させる」が正解。
134	D	"购买电脑、音响、手机的人四成以上是贷款消费"「パソコン、ステレオ、携帯電話の購入で、4割以上がローンを利用した」とある。"成"は1割のこと。A「大多数がローンで購入」、B「半数はローンで購入」、C「すべてがローンで購入」、Dは「半分近くがローンで購入」とあるので正解はD。
135	D	"汽车""车"には言及されているが、D"摩托车"「オートバイ」については記述がない。
136	C	1行目から"近年来，随着经济收入和生活水平的提高，许多农民的消费观念"「近年来、収入と生活水準の向上にともなって、多くの農民の消費観念が…」とある。したがってC"农民的收入没有变化"「農民の収入には変化がない」が本文の内容とは一致せず、これが正解。

No.	問題文	問題文訳
137〜140	手边这只精巧的呼机陪着我好几年了。刚买来的那会儿，还算新鲜，可后来就不拿它当回事了。前些日子买了手机以后，还差点把它弄丢了。 　　那天晚上，在朋友家喝酒聊天到九点多钟，然后骑车匆忙往回赶。酒后"驾车"跌跌撞撞地摸进了家门，一杯茶下肚清醒后发现那个"宝贝"不见了。 　　我打电话问朋友，朋友说不在他家，然后他安慰我说："丢了就算了吧，现在丢了东西就别指望找回来了。"我告诉他，关键是耽误事，这两天业务正忙着哩！咳，真倒霉！ 　　情急之下，我想出了最后一招。因为是数字机，只能显示来电号码，这么晚了，如果我连续急呼几遍，"拾金不昧"者便会立即和我联系，要是拒不回电，我也就死心了。 　　于是，连续呼了几遍，等了半天都没回音，我的心便凉了半截。 　　临近午夜，我决定最后再呼一遍，要是再没希望，就只好去补办一个。 　　这次耳边终于响起了清脆的电话铃声。 　　"喂，您好！"我的声音在颤抖。 　　"你好，是不是你的呼机掉了，我……" 　　那一夜我激动得难以入眠。	手もとのこの精巧なポケベルは何年も私に連れ添ってきた。買ったばかりの時はそれでも珍しかったが、しかしその後はどうということもなくなっていた。数日前に携帯電話を買ってからというもの、なんだかさらに色あせぎみ。 　その夜、友人の家で酒を飲んでおしゃべりをし、9時過ぎになって、急いで自転車に乗って帰った。酒の後の「運転」でふらふらと家にたどりつき、お茶を1杯飲んで酔いが醒めたところで、あの「恋人」が見当たらないことに気づいた。 　友人に問い合わせたがないと言い、彼は「なくしてしまったら仕方ないさ、今じゃ、なくしてしまったものは探し出そうなんてしないことだね」と私を慰めて言った。私は「肝心なのは不都合、不便ってことなんだ、この数日忙しいんだ！まったくついてない！」と言った。 　焦りながら、私は最後の手を思いついた。ポケベルはかかってきた電話番号を表示するわけだから、電話番号を入れてやろう。こんなに遅い時間だ、私が続けて何回も呼び出せば、「"恋人"を拾っても着服しない」人がすぐ私に連絡してくれるかもしれない、もし連絡をくれなかったら私は諦めることにすると。 　そこで何度も呼んでみたが、しばらく待っても応答がなく、半ば諦めかけた。 　真夜中近く、最後にもう1度呼び出し

てみて、望みがなかったら、もう1つ買い足すしかないと決めた。

この時、ついに耳元で澄んだ電話のベルが鳴り出した。

「もしもし……」私の声は震えていた。

「もしもし、あなたのポケベルを落としませんでしたか、私が……」。

その夜、私は感動のあまりなかなか寝つけなかった。

No.	問題文	問題文訳
137	那天晚上同朋友喝完酒回家时发生了什么事？ A 我的宝石不见了。 B 我的呼机找不到了。 C 我的手机弄丢了。 D 我把呼机忘在朋友家了。	その夜、友人とお酒を飲んで家に帰る時に、どういうことが起こったのか？ A 私の宝石がなくなった。 B 私のポケベルが見つからなかった。 C 私の携帯電話がなくなった。 D 私はポケベルを友人の家に置き忘れた。
138	"耽误"的发音是： A tānwū B dǎngwù C tángwǔ D dānwu	"耽误"の発音は： A tānwū B dǎngwù C tángwǔ D dānwu
139	那一夜我为什么难以入眠？ A 因为这两天业务很忙。 B 因为我死心了。 C 因为我在朋友家喝多了。 D 因为心情难以平静。	その夜、私はなぜなかなか寝つけなかったのか？ A ここ数日業務が忙しかったから。 B 諦めてしまったから。 C 友人の家で飲み過ぎたから。 D 気持ちが高ぶったから。
140	这篇文章要告诉我们的是什么？ A 人间自有真情在。 B 不要酒后驾车。 C 呼机没用了。 D 丢了东西找不回来了。	この文章が私たちに教えてくれるのは： A 世間には真心のある人がいる。 B 飲酒の後で車の運転をしてはいけない。 C ポケベルがいらなくなった。 D なくした物が戻ってこなかった。

解答と解説		
137～140		"当回事"dàng huí shì は、その物や事を「重視する」意の常用口語、多く"把"構文中に使う。ここの"不拿"の"拿"は介詞(前置詞)で、"把"に同じ。
137	B	落とした"宝贝"bǎobèi「宝、恋人」は"呼机"。前半では"手机"かとも思われるが、後半以降及び"你的呼机掉了"で"呼机"と判明。
138	D	"耽误"の発音は dānwu、「手間取る、遅れて不都合が生じる」の意。
139	D	最後の行に"激动得难以入睡"「感動のあまり寝つけなかった」とある。Bの"死心"sīxīn は「諦める、断念する」。
140	A	A"人间"rénjiān は「世間、世の中」。見知らぬ人の親切に感動したのだから「世の中にはやはり真心、人情がある」のAが正解。

■■■ 第 2 回 ■■■

【第1部】基本数量問題

No.	選択肢	音声	音声訳
1	A 7月7日星期一 B 7月9日星期二 C 9月6日星期三 D 9月7日星期四	九月七日星期四	9月7日木曜日
2	A 2:10 B 2:15 C 2:01 D 2:45	两点一刻	2時15分
3	A 42.2 元 B 42.02 元 C 422 元 D 4.22 元	四十二块二	42元2角
4	A 2000年11月 B 2001年10月 C 2007年1月 D 2001年4月	二零零一年十月	2001年10月
5	A 317页 B 307页 C 347页 D 371页	三百一十七页	317頁
6	A 24km B 24m C 24kg D 24g	二十四公里	24km
7	A 7050 B 7005 C 7500 D 7505	七千零五十	7050

	解答と解説	
1	D	"九" jiǔ や "六" liù は発音が難しい上に音も似ていて混同しやすい。声調はそれぞれ第3声と第4声なので違いをしっかり聞き取るとよい。日付は口語では "号" hào を使うことが多いが、ここでは "日" rì が使われている。
2	B	2時は "二" èr でなく "两" liǎng を使う。15分は "一刻" yí kè、45分は "三刻" sān kè。教科書でもおなじみの表現であろう。1分は "一分" yì fēn あるいは "零一分" líng yì fēn と "零" を入れて言うことも多い。
3	A	"元" で金銭の問題と分かるが、音声は yuán ではない。話し言葉の "块" kuài。小数点の位置が "块" の単位で、以下、桁ごとに "毛" máo、"分" fēn となる。よく最後の単位を省略して "四十二块二（毛）" sìshí'èr kuài èr(máo) となる。
4	B	西暦は粒読みする。「0」は líng と読み、省略せずに全部読み上げる。"十" shí と "十一" shíyī、"一" yī と "四" sì は音が近いので要注意。
5	A	3桁以上の数の中に出てくる10の位は、"一" を加えて "317" sānbǎi yīshíqī と言う。"317" の "17" yīshíqī と "71" qīshíyī を取り違えない。
6	A	キロメートルやキログラムなど度量衡単位の言い方を知らないと手が出ない。音声はキロメートルの "公里" gōnglǐ、Aが正解。メートルは "米" mǐ、キログラムは "公斤" gōngjīn、グラムは "公分" gōngfēn または "克" kè。
7	A	大きな数の読み方。間の「0」は "零" líng と読み、"零" の後ろの数は必ず位をつけて言う。正解は qīqiān líng wǔshí。間の「0」はいくつ続いても "零" は1つ言えばいいので、Bは "七千零五" qīqiān líng wǔ、Cは間に空位がないので、"七千五（百）" qīqiān wǔ(bǎi) のように最後の位は省略可能となる。これはDの "七千五百零五" と間違えないように。

No.	選択肢		音声	音声訳
8	A	1/47	百分之四十七	47パーセント
	B	1/74		
	C	74%		
	D	47%		
9	A	14.40元	十四块四	14元4角
	B	44.40元		
	C	14.04元		
	D	40.40元		
10	A	降价7%	打七折	3割引
	B	降价30%		
	C	降价70%		
	D	降价3%		

		解答と解説
8	D	パーセントも分数も"分之"fēn zhī を使う。パーセントは"百分之…"bǎi fēn zhī…、分数は"…分之〜"と言う。Aなら"四十七分之一"sìshiqī fēn zhī yī。Cなら"百分之七十四"bǎi fēn zhī qīshisì。いずれも"四"sì、"七"qī の違いに注意。
9	A	値段の言い方。14.40元を口語で読む場合、単位には"块"kuài が使われる。小数点以下第1位の単位は"毛"máo、その下の単位は"分"fēn だが、"分"の位がゼロなので最後の単位は"毛"となる。最後の単位はよく省略されるので、正解は shísì kuài sì。14.04元は"十四块零四分"shísì kuài líng sì fēn。間に空位があれば"零"líng と読み、かつ最後の単位は省略できない。これを知らないとCを選んでしまう。また"一"yī と"四"sì の音の違いにも注意。
10	B	選択肢の"降价"jiàngjià は「値段を下げる」こと。日本語では「30%off」「3割引」のように割り引く数字を言うが、中国語では割り引いた残りの数字で"打七折"dǎ qī zhé「7掛け」のように言う。"七"qī に惑わされてACを選んでしまう誤りが多い。

【第2部】図画写真問題

No.	図画	音声	音声訳
11		A 拿过去 B 拿起来 C 拿下来 D 拿上去	A 持って向こうへいく B 持ち上げる C 持って降りてくる D 持って上がっていく
12		A 学校 B 睡觉 C 水饺 D 关照	A 学校 B 眠る C 水ギョーザ D 世話をする、面倒を見る
13		A 聊天儿 B 打招呼 C 作客 D 问路	A 雑談する B 挨拶をする C 客となる D 道を尋ねる
14		A 坐车 B 上车 C 骑车 D 下车	A 車に乗る B 車に乗り込む C 自転車に乗る D 下車する
15		A 住房 B 出发 C 厨房 D 处方	A 住居 B 出発する C キッチン D 処方箋
16		A 祝你一路平安。 B 祝你们早日恢复健康。 C 祝你生日快乐。 D 祝你们幸福。	A 道中ご無事で。 B お早いご回復を。 C お誕生日おめでとう。 D お幸せに。
17		A 赶上汽车了 B 没赶上汽车 C 汽车开过来了 D 汽车停下来了	A バスに間に合った B バスに間に合わなかった C バスがやって来た D バスが停車した

		解答と解説
11	D	箱を持って階段を上がっていく人。動詞は全て"拿"ná、後ろの方向補語の意味と訳し方がポイント。「ノボッテイク」は"上去"、Dの"拿上去"náshangqu が正解。
12	C	"学"xué や"睡"shuì と"水"shuǐ の発音の違い、及び"睡觉"shuìjiào と"水饺"shuǐjiǎo の声調の違いを聞き取るのがポイント。正解はC。普段から正しい発音と声調に注意し、言葉を音声で覚えることが肝要。
13	D	A liáotiānr、B dǎ zhāohu、C zuòkè、D wèn lù。いずれも発音ははっきり異なり、聞き間違うことはなかろう。
14	C	"车"chē に「乗る」というとき、動詞が"坐"zuò なら乗り物は"汽车"qìchē「自動車、バスなど」、"电车"diànchē「電車、トロリーバス」、"火车"huǒchē「汽車」。"骑"なら"自行车"zìxíngchē「自転車」や"摩托车"mótuōchē「バイク」となる。動詞をしっかり聞こう。
15	C	ACDが特にまぎらわしい。そり舌の有気音と無気音の聞き分け、声調の聞き分けがポイント。正解は chúfáng、Aは zhùfáng、Dは chǔfāng。
16	D	"幸福"xìngfú が聞き取れれば正解できよう。BCの"健康"、"生日"shēngrì はすぐ分かるだろう。Aは yílù píng'ān、旅立ちを見送る際に使う。
17	B	バスが走り去り、乗り損ねた人の絵。バスに乗れなかったのだから、否定辞を予想して音声を聞くのも1つの手。"赶上"gǎnshang「間に合う」がキーワード。否定の"没赶上汽车"méi gǎnshang qìchē が正解。"开过来了"kāiguolai le は「（向こうからこちらへ）やって来た」、"停下来了"tíngxialai le は固定の"下来"で「止まった」、方向補語の意味を把握しておくこと。

No.	図画	音声	音声訳
18		A 您慢走。 B 您请坐。 C 您别客气。 D 您里边请。	A 気をつけてお帰りください。 B どうぞおかけください。 C どうぞご遠慮なく。 D どうぞ中へお入りください。
19		A 捡起来 B 掉下去 C 放进去 D 拿下来	A 拾い上げる B 落とす C 中に入れる D 下ろす
20		A 接球 B 踢球 C 扔球 D 拍球	A ボールを受ける B ボールを蹴る C ボールを投げる D ボールを打つ
21		A 他们正在练习滑冰。 B 他们正在擦窗户。 C 他们正在打扫卫生。 D 他们正在打高尔夫球。	A 彼らはスケートの練習をしている。 B 彼らは窓を拭いている。 C 彼らは掃除をしている。 D 彼らはゴルフをしている。
22		A 他们正在上飞机。 B 他们正在下飞机。 C 飞机就要起飞了。 D 许多人在机场迎接客人。	A 彼らはちょうど飛行機に乗っているところだ。 B 彼らはちょうど飛行機から降りているところだ。 C 飛行機はまもなく飛び立つ。 D たくさんの人が空港で客を迎えている。

		解答と解説
18	A	お客を玄関先まで見送り、そこで別れるとき、「気をつけてお帰りください」と声をかける。Aの nín màn zǒu がまさにそれ。絵は帰りの挨拶をしているところで、客を引き止めているわけではない。ＢＣＤは引き止める言葉としても直接的でない。
19	D	モノを手に持って（"拿" ná）高い所から自分の方へ下ろす（"下来"-xialai）動作。Bの diàoxiaqu は「落っことす、落ちる」で、作業服を着た人が棚から下ろしている絵には当たらない。方向補語は図画問題のポイントなので、聞いて分かるようにしておこう。
20	A	"球" qiú「ボール」に関する動作。正解の "接" jiē は「受ける」。Bの "踢" tī は「蹴る」、Cの "扔" rēng は「投げる」、Dの "拍" pāi は「（ラケットなどで）たたく」こと。"足球" zúqiú「サッカー」の絵なのでBを選んでしまった人が多い。
21	C	数人がほうきやちりとりを持って、オフィスらしきところを掃除している。音声はいずれも "正在" で何かをしていると言っている。A "滑冰" huábīng、B "擦窗户" cā chuānghu、D "打高尔夫球" dǎ gāo'ěrfūqiú は符合しない。C「掃除をする」"打扫" dǎsǎo はしばしば "卫生" wèishēng とともに "打扫卫生" dǎsǎo wèishēng と使う。
22	B	"上飞机" shàng fēijī と "下飞机" xià fēijī を聞き取って判断する必要がある。Cは "起飞" qǐfēi が分からなくとも "就要…了" jiùyào…le「間もなく…する」という状況ではないので聞き間違えることはなかろう。D "迎接客人" yíngjiē kèrén。

185

No.	図画	音声	音声訳
23		A 墙上挂着一幅画。 B 墙上刻着很多字。 C 他们正在往墙上写字。 D 墙上贴着几张广告。	A 壁に絵が1枚かかっている。 B 壁にたくさんの字が彫ってある。 C 彼らはちょうど壁に字を書いているところだ。 D 壁に何枚かの広告が貼ってある。
24		A 这儿正在进行足球比赛。 B 他们打羽毛球呢。 C 有好多人在看他们打球呢。 D 体育馆里有人在打排球。	A ここではサッカーの試合が行われている。 B 彼らはバドミントンをしているところだ。 C たくさんの人が、彼らが球技をしているのを見ている。 D 体育館の中でバレーボールをしている人がいる。
25		A 这只猫闭着眼睛。 B 这只猫眼睛睁得很大。 C 大熊猫在睡觉。 D 猫在桌子上玩呢。	A この猫は目を閉じている。 B この猫は目を大きく見開いている。 C パンダが眠っている。 D 猫がテーブルの上で遊んでいる。
26		A 他们都在钓鱼。 B 附近还看得见别的船。 C 一个人在划船。 D 船上站着许多人。	A 彼らはみな釣りをしている。 B 付近に別の船も見える。 C 1人が船を漕いでいる。 D 船に大勢の人が立っている。

解答と解説		
23	B	いずれにも"墙上"qiáng shang「壁に」という語が入っている。ポイントは"挂着…画"guàzhe…huà「絵がかかっている」、"刻着…字"kèzhe…zì「文字が刻まれている」、"贴着…广告"tiēzhe…guǎnggào「広告が貼ってある」が聞き取れるかどうかである。
24	B	まず球技の名前を聞き取る。Aの zúqiú はサッカー、Dの páiqiú はバレーボールなので除外される。Cは「多くの人が見ている」が写真と異なる。中心に移っているモノだけでなく、背景にも気をつけよう。写真問題にはスポーツの場面がよく登場する。一般的な種目名は覚えておこう。
25	A	AとBでは"闭着"bìzhe、"睁得"zhēng de が分からないと迷う。迷ったあげくBには"很大"hěn dà があるから選ばないことになろう。C"睡觉"shuìjiào「眠っている」のは"大熊猫"dàxióngmāo「パンダ」ではない。
26	C	音声が流れる前に写真の情景を把握しておく。写真には船が1艘、1人が漕ぎ手、船上にはもう1人、周りには何もない。A"钓鱼"diàoyú、B"看得见"kàndejiàn は可能補語で「見える」、D"许多人"xǔduō rén は「たくさんの人」。いずれも該当しない。C"一个人在划船"yí ge rén zài huá chuán が正解。

No.	図画	音声	音声訳
27		A　这位女士打着一把雨伞。 B　这位女士戴着围巾。 C　这位女士望着大海。 D　这位女士戴着墨镜。	A　この女性は傘をさしている。 B　この女性はマフラーをしている。 C　この女性は海を眺めている。 D　この女性はサングラスをかけている。
28		A　这是一家电影院。 B　这是一家照相馆。 C　这是一家中药店。 D　这是一家歌舞厅。	A　これは映画館だ。 B　これは写真屋だ。 C　これは漢方の店だ。 D　これはダンスホールだ。
29		A　湖上能看见很多小船。 B　光线太强，他们都戴着墨镜。 C　女的划船，男的在船头坐着。 D　船前边有很多建筑物。	A　湖にたくさんの小船が見られる。 B　日光が強くて、彼らは2人ともサングラスをかけている。 C　女性はボートを漕ぎ、男性はへさきに座っている。 D　船の前方にはたくさんの建築物がある。

解答と解説		
27	B	"打雨伞" dǎ yǔsǎn、"戴围巾" dài wéijīn、"望大海" wàng dàhǎi、"戴墨镜" dài mòjìng を聞き取れるかどうかが決め手。「マフラーをする」も「メガネをかける」も動詞は"戴"。
28	B	看板の大きな文字、"婚纱" hūnshā「ウエディングドレス」を知らなくても見当がつき、"摄影" shèyǐng も「撮影」とたやすく分かる。A映画館、B "照相馆" zhàoxiàngguǎn「写真館」、C漢方の店、Dダンスホール。
29	C	A湖には"很多小船" hěn duō xiǎochuán は見当たらない。B 2人ともサングラスをかけて（"带着墨镜" dàizhe mòjìng）はいない。Dのたくさんの"建筑物" jiànzhùwù は見当たらない。正解Cの"划船" huá chuán は「船を漕ぐ」、ぜひ覚えておこう。

No.	図画	音声	音声訳
30		A　光膀子的孩子在埋头学习。 B　两个孩子席地而坐，在打扑克。 C　这家书店门庭冷落，无人光顾。 D　这家书店里还装饰着卡通片的动物画儿。	A　上半身はだかの子供が勉強に打ちこんでいる。 B　2人の子供が地面に座りこんでトランプをしている。 C　この本屋は閑古鳥が鳴き、誰も買い物をしていない。 D　この本屋にはアニメの動物の絵が飾ってある。

解答と解説		
30	D	耳慣れない音が続く。各選択肢のうち何か1つでも知っている単語を手がかりに解答しよう。A"光膀子"guāng bǎngzi「上半身をあらわにする」。"埋头学习"máitóu xuéxí「勉強に没頭している」。B"席地而坐"xídì ér zuò「地面に座る」。"打扑克"dǎ pūkè「トランプをする」。C"门庭冷落"méntíng lěngluò「閑古鳥が鳴く」。"光顾"guānggù は「ひいきにする、ご愛顧」。D"装饰"zhuāngshì「飾りつける」。"卡通片"kǎtōngpiàn「アニメ、漫画」。

【第3部】会話形成問題

No.	設問と選択肢音声	設問と選択肢訳
31	甲：请问，这儿有人吗？ 乙：A 没有。 　　B 不要。 　　C 我家有五口人。 　　D 小王不在。	甲：すみません、ここにどなたかいらっしゃいますか？ 乙：A いません。 　　B いりません。 　　C 我が家は5人家族です。 　　D 王さんはいません。
32	甲：现在几点了？ 乙：A 今天第4天。 　　B 他12点来。 　　C 对不起，我没戴表。 　　D 这一点很重要。	甲：今、何時ですか？ 乙：A 今日は4日目です。 　　B 彼は12時に来ます。 　　C すみません、時計をしていないのです。 　　D この点が重要です。
33	甲：你等我半天了吧？ 乙：A 没有，我也刚到。 　　B 那我明天在房间等你。 　　C 对不起，我来晚了。 　　D 我来帮帮你吧。	甲：しばらくお待ちになられたでしょう？ 乙：A いいえ、私も今来たところです。 　　B では明日、部屋でお待ちしています。 　　C すみません、遅れまして。 　　D お手伝いしますよ。
34	甲：小姐，这本汉语教材带磁带吗？ 乙：A 这儿不卖书。 　　B 厕所在那边。 　　C 不带磁带。 　　D 这本书很有意思。	甲：すみません、この中国語教材にはテープがついていますか？ 乙：A ここに本は売っていません。 　　B トイレはあそこです。 　　C テープはついていません。 　　D この本は面白い。

		解答と解説
31	A	「ここにどなたかいますか」と、座席が空いているかどうかを尋ねている。
32	C	時刻を聞かれている。Aの有気音第1声"天"tiān を、無気音第3声"点"diǎn と聞き違えると、迷うかもしれない。Bの"12点来"「12時に来る」、これが最も間違えやすいが、"他…来"がこれを排除する決め手。C"对不起，我没带表"duìbuqǐ, wǒ méi dài biǎo「すみません、時計をしていないのです」が正解。D"这一点很重要"zhè yì diǎn hěn zhòngyào「この点が重要だ」の"一点"を時刻の「1時」と取り違えない。
33	A	"等半天"děng bàntiān「しばらく待つ」。A"刚到"gāng dào「今到着したばかり」。D"帮帮"bāngbang「ちょっと手伝う」。
34	C	甲"带磁带"dài cídài「テープがついている」。"这本汉语教材"zhè běn Hànyǔ jiàocái につられてAやDを選ぶと間違う。

No.	設問と選択肢音声	設問と選択肢訳
35	甲：你来点儿什么饮料？ 乙：A　我来付钱。 　　B　要一杯橙汁吧。 　　C　还是你来点菜吧。 　　D　要一碗炸酱面。	甲：お飲み物は何にいたしますか？ 乙：A　私がお金を払いましょう。 　　B　オレンジジュースを1杯もらおう。 　　C　やっぱりあなたが料理を注文しなさいよ。 　　D　ジャージャン麺をください。
36	甲：听说你们公司待遇不错。 乙：A　交通是挺方便的。 　　B　我很好。 　　C　马马虎虎吧。 　　D　他说得很流利。	甲：君たちの会社は待遇がなかなかよいそうだね。 乙：A　交通の便がすごくよいです。 　　B　私は元気です。 　　C　まあまあです。 　　D　彼は流暢に話します。
37	甲：小姐，劳驾给我看一下那件衣服。 乙：A　你要一条什么香烟？ 　　B　衣服洗好了。 　　C　这件事我来办。 　　D　是这件红色的吗？	甲：あのう、すみませんが、その服を見せてください。 乙：A　あなたはどのタバコが欲しいのですか？ 　　B　服は洗い上がった。 　　C　この件は私がやりましょう。 　　D　この赤色のですか？
38	甲：别忘了明天早上五点叫醒我。 乙：A　叫你久等了。 　　B　忘不了，请放心。 　　C　我早就醒了。 　　D　早上起来买早点。	甲：明朝5時に私を起こすのを忘れないで。 乙：A　お待たせしました。 　　B　忘れませんから、ご安心ください。 　　C　私はとっくに起きています。 　　D　朝起きて、朝食を買います。

	解答と解説	
35	B	店で注文する場面。甲のせりふの"来"láiは「注文する」という意味の動詞。Aの"我来付钱"wǒ lái fù qiánとCの"你来点菜吧"nǐ lái diǎn cài baの"来"は「進んで物事を行う」の意。B"橙汁"chéngzhīは「オレンジジュース」。C"点菜"diǎn cài「料理を注文する」。D"炸酱面"zhájiàngmiàn「ジャージャン麺」。
36	C	"待遇"dàiyùは「扱い、待遇」。Aの「交通の便がよい」は待遇ではない。Bの"很好"hěn hǎoにつられてこれを選ばないこと。Cのmǎmahūhūは「それほど悪くない、まあまあだ」という意味。
37	D	甲"劳驾"láojià「すみませんが」。A"香烟"xiāngyān「タバコ」。C"这件事"zhè jiàn shì「このこと」。"我来办"wǒ lái bàn「私がやりましょう」。"衣服"yīfuや"这件"zhè jiànにつられてBCを選ばないように。
38	B	"别"biéは禁止を表す副詞、"别忘了"bié wàng leで「忘れないでくれ」、モーニングコールの時間を忘れぬようにと念を押している。これに対し「忘れるはずがない」の"忘不了"wàngbuliǎo、Bが正解。設問中の"早上"zǎoshangや"醒"xǐngに惑わされてCDを選ばぬよう。内容把握が大切。

No.	設問と選択肢音声	設問と選択肢訳
39	甲：这个办法行得通吗？ 乙：A 这条马路不通。 　　B 我下次再来。 　　C 不好说。 　　D 这条路通往什么地方？	甲：この方法で通用するだろうか？ 乙：A この道は通れない。 　　B 今度また来ます。 　　C なんとも言えない。 　　D この道はどこに通じていますか？
40	甲：你期末考试考得怎么样？ 乙：A 刚及格。 　　B 已经考过了。 　　C 对，下午考口试。 　　D 烤过头了。	甲：あなた、期末試験はどうだった？ 乙：A どうにか合格した。 　　B もう試験を済ませた。 　　C そう、午後は口頭試験です。 　　D 焼き過ぎだ。
41	甲：喂，请问黄先生在吗？ 乙：黄先生要到10点以后才能来公司。 甲：A 他什么时候来公司？ 　　B 那，我10点以后再打吧。 　　C 黄先生是谁？ 　　D 我10点给他打过电话了。	甲：もしもし、黄さんはいらっしゃいますか？ 乙：黄さんは、10時以降に会社に来られます。 甲：A 彼はいつ会社に来ますか？ 　　B それでは、10時以降にまたかけます。 　　C 黄さんはどなたですか？ 　　D 私は10時に彼に電話をかけました。
42	甲：时间不早了，我该走了。 乙：还早呢。你再坐一会儿吧。 甲：A 您过奖了。 　　B 你来了，请进。 　　C 不了，都9点了。 　　D 哪里哪里。	甲：もうこんな時間だ、失礼しなければ。 乙：まだ早いですよ、もう少しどうぞ。 甲：A いえいえ。 　　B いらっしゃい、お入りください。 　　C いいえ、もう9時です。 　　D いえいえ。

		解答と解説
39	C	"行得通"xíngdetōng「通用する、実行できる」の意味が分からないと難しい。そのときは"这个办法"zhège bànfǎ「この方法」から答えを探ることになるが、Cを正解するのは難しい。A"这条马路"zhè tiáo mǎlù「この道」。C"不好说"bù hǎo shuō「なんとも言えない」。D"通往什么地方"tōngwǎng shénme dìfang「どこに通じているか」。
40	A	試験の結果がどうだったかを尋ねられたら、合否や点数が返答となるはず。選択肢Aの"刚"gāng は「やっと、どうにか」の副詞で「どうにか合格した」。このAが正解。Dの"烤"kǎo は"考"kǎo と発音は同じだが、後ろの"过头"guòtóu「度を越す、…し過ぎる」は結果補語、全体で「焼き過ぎた」。
41	B	甲"喂"wéi で、電話での会話だと分かる。Bの"那"は前の状況を「それでは」と受けて"10点以后再打"という結論を導く。D"10点打过电话了"「10時に電話をかけた」、動詞につく"…过"は「すでに済ませた」を表す。
42	C	帰り際に"你再坐一会儿吧"nǐ zài zuò yíhuìr ba「もう少しどうぞ」と勧められている。選択肢はBを除いてACDのいずれも「いいえ」と相手の言葉を打ち消す表現。この場面のように相手の誘いを婉曲に断るときには、Cの"不了"bù le が適当。A"过奖了"guòjiǎng le は褒め言葉に対して「褒め過ぎです→とんでもございません」。D"哪里哪里"も相手の褒め言葉を打ち消す際に用いる「とんでもありません、いいえ」。

No.	設問と選択肢音声	設問と選択肢訳
43	甲：火车会不会晚点？ 乙：很难说。 甲：A　不难，你说说看。 　　B　您太客气了。 　　C　没关系，你说吧。 　　D　要是晚点就糟了。	甲：汽車は遅れるだろうか？ 乙：なんとも言いがたいですね。 甲：A　難しくないよ、言ってごらん。 　　B　おそれいります。 　　C　かまわないから、言いなさいよ。 　　D　もし遅れたらまずいなあ。
44	甲：到了安定门车站，还要倒车吗？ 乙：要，再换地铁。 甲：A　再坐几站？ 　　B　把车放在存车处吧。 　　C　不用换车。 　　D　要买门票。	甲：安定門駅に着いたら、また乗り換える必要がありますか？ 乙：あります、また地下鉄に乗り換えます。 甲：A　後、なん駅乗りますか？ 　　B　自転車を駐輪場に置きましょう。 　　C　乗り換える必要はない。 　　D　入場券を買う必要がある。
45	甲：你最近是不是去旅游了？ 乙：是啊，我去了趟北京，昨天才回来。 甲：A　我知道你明天要去北京。 　　B　怪不得往你家打电话没人接呢。 　　C　原来是他给你打的电话。 　　D　怪不得你老说没钱去旅游。	甲：君、最近旅行に行っただろう？ 乙：ああ、北京に行って、昨日戻ってきたんだ。 甲：A　君が明日、北京に行くことを知っているよ。 　　B　どうりで君の家に電話しても誰も出なかったわけだ。 　　C　なんだ、彼が君に電話したのか。 　　D　どうりで君はいつも旅行に行くお金がないと言うわけだ。

解答と解説		
43	D	乙の"难说"nánshuō の音につられてAやCを選んでしまうと間違える。甲"晚点"wǎndiǎn「（発車時間が）遅れる」。A"说说看"shuōshuokàn「言ってごらん」。この"看"は「試みる」。D"糟了"zāo le「困った、まずい」。
44	A	甲"倒车"dǎo chē「車を乗り換える」、乙"换地铁"huàn dìtiě「地下鉄に乗り換える」。甲は"还要倒车"と言っているので、B「自転車に乗っている」ことはありえない。B"存车处"cúnchēchù「駐車場、駐輪場」。D"门票"ménpiào「入場券」。
45	B	乙は昨日北京から帰ってきたと言っているので、甲のせりふとしてはBが自然。Dは旅行に行ったのに「行くお金がない」という点がおかしい。Dを選んだ人は"旅游"lǚyóu だけを聞き取ったようだ。

No.	設問と選択肢音声	設問と選択肢訳
46	甲：请问，有绍兴酒吗？ 乙：有，要多少？ 甲：A 要凉的。 　　B 来一瓶吧。 　　C 两块一瓶。 　　D 要热的。	甲：紹興酒はありますか？ 乙：あります、どれくらいいりますか？ 甲：A 冷たいのが欲しい。 　　B 1瓶ください。 　　C 1瓶2元です。 　　D 熱いのが欲しい。
47	甲：您穿上试试。 乙：嗯，这双稍微紧了点儿。 甲：A 那您试试这双大一号的。 　　B 这双小点儿，您试试。 　　C 那您看看这件红色的。 　　D 你要几件？多买可以优惠。	甲：お履きになってみてください。 乙：うーん、ちょっときついです。 甲：A それではこの1サイズ大きいのを試しください。 　　B これは少し小さいです、お試しください。 　　C それではこの赤いのはいかがでしょう。 　　D 何着買いますか？たくさん買えばお安くできます。

解答と解説		
46	B	"多少"「どれくらい」と、必要な分量を尋ねられている。それに対しては当然分量で応じる。熱いのや冷たいのと言うのは、論外。迷うとすれば"一瓶"の入っているBかCだが、Cは売る方のせりふなので排除。
47	A	甲の"穿上试试"chuānshang shì shi から、服か靴の試着であることが分かる。選択肢はどれも服か靴に関するせりふだが、乙の"这双"zhèi shuāng「この1足」と「ちょっときつい」に矛盾しないのは、Aの1つ大きいサイズをすすめるせりふだけとなる。Bはさらに小さい靴をすすめているし、ＣＤは量詞1つを取っても"件"で乙のせりふと矛盾する。"优惠"yōuhuì は「優待する」。

No.	設問と選択肢音声	設問と選択肢訳
48	甲：请问，在哪儿拿行李？ 乙：你是坐哪个航班来的？ 甲：A　我们班只有我一个人来了。 　　B　哪行字？我看不清楚。 　　C　CA157次班机。 　　D　我坐了三个小时的飞机。	甲：お尋ねしますが、どこで荷物を取るのですか？ 乙：あなたはどの便で来たんですか？ 甲：A　うちのクラスでは私1人しか来なかった。 　　B　どの行の字？よく見えません。 　　C　CA157便です。 　　D　私は3時間飛行機に乗りました。
49	甲：你带照相机来了吗？ 乙：啊，我忘了。 甲：A　你这个马大哈！ 　　B　你今天没来晚。 　　C　我也不清楚。 　　D　给我照一张。	甲：あなたカメラを持ってきましたか？ 乙：あ、忘れた。 甲：A　このあわてもの！ 　　B　君は今日は遅れなかった。 　　C　私もはっきりしません。 　　D　1枚撮って。
50	甲：我是从中国来的。 乙：从中国什么地方来的？ 甲：A　武汉。 　　B　去年。 　　C　我家。 　　D　飞机。	甲：私は中国から来ました。 乙：中国のどちらから来られましたか？ 甲：A　武漢です。 　　B　去年です。 　　C　我が家です。 　　D　飛行機です。

解答と解説		
48	C	甲の"拿行李"ná xíngli「荷物を受け取る、取る」だけでは状況が分からずとも、乙の"坐哪个航班来的"zuò nǎge hángbān lái de「どの便で来たのですか」を聞けば空港での会話と分かろう。A同じ"bān"でもこちらは「クラス」。B"哪行字"nǎ háng zì「どの行（何行目）の字」を聞き間違えないように。C"中国国际航空"Zhōngguó Guójì Hángkōng「中国国際航空」の便名を言う表現。"班机"bānjī は「（飛行機の）定期便」。
49	A	甲、乙の会話はすぐ分かっても、Aの"马大哈"mǎdàhā「うっかりもの、あわてもの」が分からない人は多いだろう。しかし甲、乙に続くせりふとしてはB以下のいずれもおかしい。ここは消去法で選ぼう。
50	A	"武汉"Wǔhàn「武漢」、湖北省の省都。

【第4部】会話散文問題

No.	音声と設問	訳
51～52	男：你可来了！都晚了三刻钟了。 女：对不起。对不起。 男：到底是怎么回事？ 女：咳，我都出来了才发现没带钱包。 男：你想什么呢？ 女：我赶快回去取，然后叫了辆出租车，没想到又赶上堵车。 男：以后早点儿出来。 女：知道了。咱们走吧。	男：やっと来たね、45分も遅いよ。 女：ごめんなさい。ごめんなさい。 男：いったいどういうこと？ 女：ああ、出てきてから財布を持っていないことに気付いたの。 男：何を考えていたんだい？ 女：私、すぐに取りに帰ったのよ。そしてタクシーを呼んだの、また渋滞に遭うなんて思いも寄らなかったわ。 男：今後は少し早めに出るんだね。 女：分かったわ。行きましょう。
51	女的忘了带什么？ A 手提包。 B 文件。 C 钱包。 D 钥匙。	女性は何を忘れましたか？ A ハンドバッグ。 B 書類。 C 財布。 D 鍵。
52	女的是怎么来的？ A 打的来的。 B 坐公共汽车来的。 C 骑车来的。 D 走着来的。	女性はどうやって来ましたか？ A タクシーで来た。 B バスで来た。 C 自転車で来た。 D 歩いて来た。

解答と解説		
51	C	"晚了三刻钟了" wǎnle sān kè zhōng le「45分遅れた」に続いて"到底是怎么回事" dàodǐ shì zěnme huí shì「いったいぜんたいどういうこと？」というせりふが聞こえてくる。これは理由や原因を尋ねる際の常套句。続く"没带钱包" méi dài qiánbāo「財布を持っていない」が聞こえれば、51番は解答できる。B "文件" wénjiàn「書類」。D "钥匙" yàoshi「鍵」。
52	A	"赶快回去取" gǎnkuài huíqu qǔ「すぐ取りに帰った」を聞き逃してしまっても、"叫了辆出租车" jiàole liàng chūzūchē「タクシーを1台呼んだ」が聞き取れれば答えられる。"赶上堵车" gǎnshang dǔ chē「渋滞に遭う」もヒントになろうか。ただし、選択肢の"打的" dǎdí が「タクシーに乗る」だと知っておく必要がある。よく dǎdī とも発音される。

No.	音声と設問	訳
53〜54	男：佐藤，你有兄弟姐妹吗？ 女：有一个姐姐，两个弟弟。你呢？ 男：我只有一个妹妹，明年就要考大学了。	男：佐藤さん、兄弟姉妹はいますか？ 女：姉が1人と弟が2人います。あなたは？ 男：私は妹が1人いるだけです。来年大学を受けるんですよ。
53	佐藤有： A 两个弟弟，一个妹妹。 B 两个姐姐，一个弟弟。 C 两个弟弟，一个姐姐。 D 两个哥哥，一个姐姐。	佐藤さんにいるのは： A 弟2人、妹1人。 B 姉2人、弟1人。 C 弟2人、姉1人。 D 兄2人、姉1人。
54	男士的妹妹是： A 小学生。 B 初中生。 C 高中生。 D 大学生。	男性の妹は： A 小学生。 B 中学生。 C 高校生。 D 大学生。

解答と解説		
53	C	あらかじめ選択肢を読んでおくと、音声を聞きながら人数をチェックできる。まずは女性が佐藤さんであることを押さえる。
54	C	"明年就要考大学了"「来年大学を受験する」から"高中生"を導く。Dを選んでしまった人は"就要…了"が聞き取れるようにしよう。

No.	音声と設問	訳
55 ～ 56	男：听说，安藤去中国留学了。 女：是啊。上个星期刚走。 男：大概去多长时间？ 女：一年半左右。 男：他是去中国的哪个大学？ 女：好像是南开大学。	女：安藤さんは中国へ留学に行ったそうですね。 男：ええ。先週行ったばかりです。 女：大体どのくらい行っているのですか？ 男：一年半ぐらいです。 女：彼は中国のどの大学へ行ったのですか？ 男：南開大学のようです。
55	安藤是什么时候去中国的？ A 一年前。 B 昨天。 C 上个星期。 D 上个月。	安藤さんはいつ中国へ行きましたか？ A 1年前。 B 昨日。 C 先週。 D 先月。
56	安藤去的是中国的哪个大学？ A 中山大学。 B 北京大学。 C 复旦大学。 D 南开大学。	安藤さんが行ったのは中国のどの大学ですか？ A 中山大学。 B 北京大学。 C 復旦大学。 D 南開大学。

		解答と解説
55	C	女性の"听说，安藤去中国留学了"tīngshuō, Ānténg qù Zhōngguó liúxué le「安藤さんは中国へ留学に行ったそうですね」との問いかけに、いきなり"上个星期刚走"shàng ge xīngqī gāng zǒu「先週行ったばかりです」と応答している。うっかりして聞き逃さないように。
56	D	"中山大学"Zhōngshān Dàxué（広州にある）。C"复旦大学"Fùdàn Dàxué（上海にある）。D"南开大学"Nánkāi Dàxué（天津にある）。

No.	音声と設問	訳
57〜58	男：听小王说，前几天她先生去美国的签证批下来了。 女：是吗？不是说申请了两次都不行吗？ 男：那是去年。这次很快就批下来了。	男：王さんによれば、数日前、彼女のご主人のアメリカ行きのビザが下りたそうだ。 女：そう？何度か申請したけど全部だめだったって言ってなかった？ 男：それは去年だよ。今度はすぐに下りたんだ。
57	谁要去美国留学？ A 小王的妻子。 B 小王的丈夫。 C 小王的老师。 D 小王的侄子。	誰がアメリカへ留学に行くのですか？ A 王さんの妻。 B 王さんの夫。 C 王さんの先生。 D 王さんの甥。
58	签证什么时候批下来的？ A 去年。 B 最近。 C 前几年。 D 昨天。	ビザはいつ下りたのですか？ A 去年。 B 最近。 C 数年前。 D 昨日。

解答と解説		
57	B	"他先生"とは、「彼女のご主人」のこと。"先生"は他人や自分の「ご主人、主人」の意味でよく使われる。正解選択肢では"丈夫""夫」と言い換えている。
58	B	音声には"前几天""去年"と時間に関する語句が2つ出てくるので要注意。正解選択肢は"前几天"「数日前」を"最近"に言い換えている。

No.	音声と設問	訳
59～60	女：飞机早就到了。张经理怎么还不出来呀！ 男：我们再等一会儿吧。 女：他会不会在别的地方等我们？ 男：有可能。 女：那我们到问讯处去，让他们给广播一下怎么样？ 男：好。	女：飛行機はとうに着いたのに、張社長はどうしてまだ出てこないのかしら！ 男：もう少し待ってみよう。 女：別の場所で私たちを待ってるのじゃないかしら？ 男：そうかもしれない。 女：じゃあ、インフォメーションに行って、放送してもらえばどう？ 男：そうしよう。
59	女的担心什么？ A 张经理坐错了飞机。 B 张经理弄错了时间。 C 张经理出了事。 D 张经理弄错了地方。	女性は何を心配しているのですか？ A 張社長が乗る飛行機を間違えた。 B 張社長が時間を間違えた。 C 張社長に何か起こった。 D 張社長が場所を間違えた。
60	女的提出什么建议？ A 再等三十分钟。 B 用广播找。 C 确认一下航班和时间。 D 用手机跟张经理联系。	女性はどんな提案をしましたか？ A さらに30分待つ。 B 放送で探す。 C 就航ダイヤと時間を確認する。 D 携帯電話で張社長と連絡をとる。

解答と解説		
59	D	女性が心配しているのは"他会不会在别的地方等我们"。この"会"は可能性を表す助動詞、"会不会…"で「…ではなかろうか」。加えて"在别的地方"が聞き取れれば、待ち合わせ場所を間違えて別の場所で待っているのではないかと心配していることが分かる。
60	B	"到问讯处去"の"问讯处" wènxùnchù は「インフォメーションセンター、案内所」、"广播" guǎngbō は「放送する」、この2語がキーワード。女性の提案は「インフォメーションセンターへ行って放送で探してもらってはどうか」ということ。

No.	音声と設問	訳
61～62	各位旅客请注意：乘坐9点25分由北京飞往东京的CA925次班机现在开始登机了。已经办好登机手续的旅客，请您到A13登机口登机。还没有办理登机手续的旅客，请赶快办理登机手续。	旅客の皆様ご注意ください、9時25分北京発東京行きのCA925便はただいまから搭乗を開始します。搭乗手続きを済まされたお客様はA13搭乗口からご搭乗ください。搭乗手続きのまだお済みでない方は、手続きをお急ぎください。
61	这趟班机将飞往什么地方？ A 北京。 B 东京。 C 洛杉矶。 D 巴黎。	この定期航空便はどこ行きですか？ A 北京。 B 東京。 C ロサンゼルス。 D パリ。
62	在几号登机口登机？ A A3。 B A13。 C A23。 D A31。	何番搭乗口から搭乗しますか？ A A3。 B A13。 C A23。 D A31。

		解答と解説
61	B	空港での搭乗案内のアナウンス。都市名として言及されるのは北京と東京だけで、"由北京往东京"と言っている。"由…往～"は「…から～へ」。B "东京"が正解。
62	B	数字を聞き取る問題。選択肢すべてに「3」がある。この選択肢をあらかじめ音でしっかりイメージしておくと、アナウンス中の"9点25分"や"CA925"などの数に惑わされることなく、"A13"の shí sān がキャッチできる。

No.	音声と設問	訳
63〜65	高级轿车成了大学生的"坐骑"。上周末，北大二年级学生小吴回京郊看望父母，和许多大学生不同的是，小吴是开着私家车回家的。在北京，极少数富家大学生率先成了"校园有车族"。首都师大团委负责人说，大学生开车上学并不新鲜。三年前该校就有一名女生驾驶羚羊轿车出入学校。该校还有一名大四学生开着桑塔纳上学，偶尔开着奔驰、本田等名牌车来上学的并不少见。北大、清华也有几名研究生开车出入校园。离多数市民生活尚远的轿车，率先成了大学生们的"坐骑"。	高級乗用車は大学生の「ウマ」になった。先週末、北京大学2年生の呉さんは北京の郊外へと両親に会いに戻ったが、多くの大学生と違ったのは、呉さんが自家用車を運転して帰った点である。北京では、ごく少数の裕福な家の大学生が真っ先に「キャンパスマイカー族」となった。首都師範大学共産主義青年団委員会の責任者は、大学生が車を運転して登校するのは何も目新しいことではないと言う。3年前、すでに師範大には「カモシカ」の車で学校に出入りする女子学生がいた。当校ではほかに「サンタナ」を運転して登校する4年生がいるし、時に「ベンツ」や「ホンダ」など、有名ブランドの車で登校する学生も決して珍しくない。北京大学、清華大学にも車を運転してキャンパスに出入りする大学院生が数名いる。多くの市民生活からはまだ遠い乗用車は、真っ先に大学生たちの「ウマ」となった。

第2回

No.	音声と設問	訳
63	这里的"坐骑"是什么意思？ A　摩托车。 B　自行车。 C　出租车。 D　小轿车。	ここの"坐骑"はどういう意味ですか？ A　バイク。 B　自転車。 C　タクシー。 D　乗用車。
64	北京校园的有车族指的是： A　开车上学的学生。 B　坐出租车上学的学生。 C　骑自行车上学的学生。 D　骑摩托车上学的学生。	北京のキャンパスのマイカー族というのは： A　車を運転して登校する学生。 B　タクシーで登校する学生。 C　自転車で登校する学生。 D　バイクで登校する学生。
65	从这篇文章中，我们可以知道： A　在北京，骑摩托车上学是很新鲜的事。 B　北京很多学生坐出租车上学。 C　骑车上学的学生不算多。 D　开车上学的学生并不少见。	この文章から分かることは： A　北京ではバイクでの登校は珍しいことだ。 B　北京では多くの学生がタクシーで登校する。 C　自転車（バイク）で登校する学生は多いとは言えない。 D　車を運転して登校する学生は決して珍しくはない。

解答と解説		
63	D	"坐骑"は本来「騎乗用の家畜」を指す。"开着私家车"「自家用車を運転して」や"轿车"「乗用車」という単語などからDが選ばれる。何について述べている文か分かればできるはず。
64	A	"大学生开车上学"「大学生が車を運転して登校する」やそれに類する文が多く出てくる。やはり文のテーマが聞き取れないとできない問題。
65	D	正解はもちろんD。車を運転して登校する学生は"并不新鲜""并不少见"「珍しくない」と重ねて述べている。

No.	音声と設問	訳
66〜67	老刘今年年初买了一套三室一厅的房子，大概一百平方米左右。他对新房很满意。房子不仅宽敞，买东西也很方便。附近有百货商店、超市、电影院，还有公园。生活环境也不错，就是离工作单位远了一点儿。	劉さんは今年の初めに 3LDK の家を買い、広さは約 100 平方メートルほどあります。彼はこの家に大変満足しています。家は広々としているだけでなく、買い物にも便利です。近所にデパートやスーパー、映画館、それに公園もあります。生活環境はなかなかよいのですが、職場には少し遠いです。
66	老刘买了一套多大的房子？ A　八十平方米左右。 B　六十平方米左右。 C　一百平方米左右。 D　一百二十平方米左右。	劉さんはどれくらいの広さの家を買いましたか？ A　80m²ほど。 B　60m²ほど。 C　100m²ほど。 D　120m²ほど。
67	老刘买的房子怎么样？ A　买东西不方便。 B　离工作单位很近。 C　生活环境很好。 D　阳光很充足。	劉さんが買ったのはどんな家ですか？ A　買い物は不便だ。 B　職場から近い。 C　生活環境がよい。 D　日当りがよい。

解答と解説		
66〜67		最初の音声部分の"一套三室一厅"yí tào sān shì yì tīng「3LDKの家」。"套"は量詞（助数詞）で「セット」。"宽敞"kuānchang「広々とした」。"不仅…，也〜"bùjǐn…, yě〜「…だけでなく〜も」。累加を表す。"就是…远了一点儿"jiùshi yuǎnle yìdiǎnr「ただ…に少し遠いだけだ」。"工作单位"gōngzuò dānwèi「職場」。
66	C	"…左右"…zuǒyòu「…ぐらい」。選択肢A〜Dの違いは数字の部分のみ。耳を凝らして音声を聞き取るとよい。
67	C	ＡＢは明らかに内容と異なるので選ばない。Dこんなすばらしい家なら当然"阳光很充足"yángguāng hěn chōngzú「日当たり良好」だろうと思われるが、文中では言及されていないので選ばない。

No.	音声と設問	訳
68〜70	各位顾客，你们好。欢迎光临。本店自本月15日起，将开展开店5周年纪念酬宾活动。在此期间，每购物总额300元，将赠送面额50元的购物券一张。除此之外，各种夏装、休闲装将优惠5折至8折。优惠期间为7天。敬请各位顾客不失时机，光临本店。谢谢。	お客様各位、ご来店ありがとうございます。当店は今月15日より開店5周年記念バーゲンセールを開催いたします。この間はお買い上げ総額300元ごとに額面50元の商品券1枚をプレゼントいたします。この他にも各種夏服及びカジュアルウェアを5割〜2割引きでサービスさせていただきます。サービス期間は7日間です。お客様各位におかれましては、どうかこのチャンスを逃すことなくご来店賜りますよう謹んでお願い申し上げます。ありがとうございます。
68	广播里说的活动是几号结束？ A　5日。 B　7日。 C　15日。 D　21日。	放送で言われている活動は何日に終了しますか？ A　5日。 B　7日。 C　15日。 D　21日。
69	这是什么地方的广播？ A　游乐园。 B　电器商店。 C　百货商店。 D　饭店。	これはどこの放送ですか？ A　遊園地。 B　電気店。 C　デパート。 D　ホテル。
70	在这个活动期间折价出售的是： A　服装。 B　音乐光盘。 C　空调。 D　手机。	この活動期間にバーゲンセールされるのは： A　衣類。 B　音楽CD。 C　エアコン。 D　携帯電話。

解答と解説		
68 ～ 70		バーゲンセールを伝える店内放送である。いまや中国でもさまざまな理由で、しばしばバーゲンが行われる。"酬宾"chóubīn「バーゲンする、バーゲン」、"优惠"yōuhuì「優遇（する）、特恵（を与える）」、"八折"bā zhé「8 掛」つまり「2割引」などの言葉が次々と出てくる。
68	D	"自本月15日起"zì běnyuè shíwǔ rì qǐ「今月15日から」と、"优惠期间为7天"yōuhuì qījiān wéi qī tiān「サービス期間は7日間とする」の2ケ所を聞き取り、足し算で答えを導く。
69	C	A "游乐园"yóulèyuán「遊園地」、B "电器"diànqì「電気器具」。
70	A	設問の"折价出售的"zhéjià chūshòu de は「バーゲンで売られているもの」。音声では"夏装"xiàzhuāng「夏服」、"休闲装"xiūxiánzhuāng「カジュアルウェア」と言っている。B "光盘"guāngpán「光ディスク、CD、CD-ROM」。D "手机"shǒujī「携帯電話」。

【第5部】語順問題

No.	問題文	問題文訳
71	饿： 晚上我没　A　吃晚饭　B　，　C　半夜　D　醒了。	夜、晩ご飯を食べなかったので、夜中にお腹が空いて目が覚めた。
72	教室： 老师　A　走　B　进　C　来　D　了。	先生は教室に入ってきた。
73	多： 我们学校　A　已经有一百　B　年的历史　C　，现在学生一共有五百个　D　人。	私たちの学校はすでに100年以上の歴史があり、現在は学生が全部で500人いる。
74	汉语： 她　A　说　B　得　C　很流利　D　。	彼女は中国語を話すのがとても流暢だ。
75	会场： 代表们　A　走　B　出　C　来　D　了。	代表者たちは会場を出てきた。
76	的： 穿　A　红　B　衣服　C　是我　D　妹妹。	赤い服を着ているのが私の妹です。
77	连： A　朋友　B　给她的信，　C　她　D　看也没看。	友達がよこした手紙を彼女は読みさえしなかった。
78	下： 外面　A　雨　B　个　C　不停　D　。	外は雨がひっきりなしに降っている。
79	怎么： 我　A　也　B　不明白　C　她到底　D　要说什么。	彼女がいったい何を言いたいのか、私はどうしても分からない。
80	好： 你　A　留个电话，到时候　B　我　C　通知你　D　。	電話（番号）を書き留めておいてください、その時になったら（必要な時に）あなたに通知できるように。

		解答と解説
71	D	前文が後文の原因を表す。ここでは"饿"をBに入れると後文が続かない。"饿"は後ろに結果補語を伴って"饿醒了"「お腹が空いて目が覚めた」とすれば文意が通る。
72	C	"走进来" zǒujinlai など方向補語がある場合、場所を表す目的語は必ず"来/去"の前に置く。
73	B	概数を表す"多"を量詞の前に置くのか、後ろに置くのかが問われている問題。迷うとすればDだが、"个"や"本"など不連続量を表す個別量詞の場合は、量詞の前に置かなければならない。
74	A	様態補語が目的語を持つ場合、"说汉语说得…"と動詞を繰り返すのが基本。しかし前の動詞"说"を省略し、"汉语说得…"とする形もよく見られる。
75	C	方向補語の目的語の位置の問題。目的語が場所であれば必ず"来/去"の前。"会场"は場所なので、正解はC。
76	C	日本語同様「…の（もの）」と名詞相当の語を作る"的"。例えば"我喜欢的是白的"「私の好きなのは白いのだ」などのように用いる。
77	D	"连…也～"「…でさえ～だ」の構文、"连看也没看" lián kàn yě méi kàn「読みさえしなかった」。
78	B	問題文中の"个"に注意。この"个"は動詞と補語との間に置き、補語を導く"得"と似た働きをする。この働きを知っていれば動詞"下"をBに挿入し、"雨下个不停"とするのは容易。
79	A	"怎么"は後ろに"也"を呼応させて「どうしても…」の意。
80	C	"好"には「"好"＋動詞」で「…しやすい」と「…できるように、…するのに都合がいいように」の用法がある。複文では後者の意味で用い、目的を表す。「あなたに通知できるように」で、Cが正解。

【第6部】補充問題

No.	問題文	問題文訳
81	这儿的气候（　　）？ A　为什么 B　有多少 C　怎么 D　怎么样	ここの気候はどうですか？ A　なぜ B　いくつあるか C　なぜ、どうやって D　どのように、どのような
82	我去邮局买（　　）邮票。 A　条 B　个 C　张 D　片	私は郵便局に切手を1枚買いに行く。 A　細長く、しなるものを数える量詞。 B　専用の量詞を持たない名詞を数える量詞。 C　平らな面が目立つものを数える量詞。 D　平たくて薄く、あまり大きくないもの。かけらになっているものを数える量詞。
83	这里不是游泳区，不（　　）游泳。 A　能 B　会 C　喜欢 D　用	ここは遊泳場所ではないので、泳いではいけない。 A　（能力や客観的条件から）…できる B　（訓練や練習によって）…できる C　好きである D　必要がある（普通は否定"不用"の形で用いる）
84	今天我（　　）不舒服。 A　一点儿 B　一会儿 C　有点儿 D　一些	今日は少し気分が悪い。 A　（名詞）少し B　（名詞）少しの時間 C　（副詞）少し（主に望ましくないことについて言う） D　（名詞）いくらか、少し

226

解答と解説		
81	D	A"为什么"wèi shénmeは「なぜ」。B"有多少"yǒu duōshaoは「いくつあるか」。C"怎么"zěnmeは「なぜ」や「どうやって、どういう方法で」。
82	C	"邮票"「切手」の量詞は"张"。"张"は平らな面が特徴的なものを数え、その大小は様々。"桌子"「机」、"床"「ベッド」、"纸"「紙」などにも用いる。
83	A	"这里不是游泳区"「ここは遊泳場所ではない」とあるので"不（）"で禁止を表す語を選ぶ。A"不能…"「…してはいけない」が正解。迷いそうなのはD"不用…"「…する必要がない、…するには及ばない」。
84	C	C"有点儿"は副詞で、多く話し手にとって望ましくないことに用いる。Aの"一点儿"、Bの"一会儿"はいずれも「少し」と訳されるが、Aは名詞で形容詞などの後ろに置かれる。Bは名詞では「少しの時間」、副詞では「しばらくしたら」の意味を持つ。

No.	問題文	問題文訳
85	你点了这么多菜，咱们（　　）吧？ A　吃不来 B　吃不够 C　吃不好 D　吃不了	あなた、こんなにたくさんの料理を注文して、私たち食べ切れないんじゃない？ A　口に合わない B　食べ足りない C　ちゃんと食べない D　食べ切れない
86	黑板上的字太小，看不（　　）。 A　上 B　好 C　清楚 D　起	黒板の字が小さ過ぎてはっきり見えない。 A　意にかなう B　ちゃんとし終える C　はっきりしている D　"看不起"で「見下げる、ばかにする」
87	累（　　）我一步也走不动了。 A　得 B　了 C　着 D　的	疲れて一歩も歩けなくなってしまった。 A　様態補語を導く"得" B　…した（完了） C　…している（持続） D　…の（連体修飾語のマーカー、名詞相当句を作る"的"）
88	我是跟他开玩笑，可他（　　）生起气来了。 A　不仅 B　未免 C　才 D　却	私は彼に冗談を言ったのに、彼は怒り出してしまった。 A　…だけではない、…にとどまらない B　（遠まわしに不同意を示し）いささか…のようだ C　（話し手の気持ちを強め）それこそ（…だ） D　かえって、…にもかかわらず

解答と解説		
85	D	可能補語の問題。正解はD。「こんなにたくさんの料理、私たち食べ切れないんじゃない？」。"吃不了"「食べ切れない」。A"吃不来"は「口に合わない」。
86	C	"上""好""清楚""起"が補語として用いられる場合のそれぞれの意味が問われている。ここは可能補語の否定の形。A"看不上"は「気に入らない」。D"看不起"kànbuqǐ「ばかにする、見下す」は、ほとんど熟語化した語。「はっきり見えない」のだから、正解はC。
87	A	「形容詞＋"得"…」の様態補語。疲れたありさまが「一歩も歩けない」状態にまで達しているのである。"高兴得跳了起来"であれば「嬉しさのあまり跳び上がった」。
88	D	普通"却"の前に文があり、"却"はその前文に対する予想外の語気を表す。

No.	問題文	問題文訳
89	明天有小测验，平时我不太用功，只好（　　）了。 A　趁热打铁 B　临阵磨枪 C　坐立不安 D　大同小异	明日、小テストがあるが、普段私はあまり勉強していないから、一夜漬けするしかない。 A　鉄は熱いうちに打て B　事態が差し迫ってから準備する、泥縄 C　いたたまれない D　大同小異、似たり寄ったり
90	那些衣服不是颜色不合适（　　）式样不好，所以我一件也没买。 A　也是 B　就是 C　还是 D　全是	あれらの服は色が合わないか、さもなくばデザインがよくないので、私は1着も買わなかった。 A　たとえ…でないとしても～だ（両者は同類か近い関係にある） B　…でないとすると～だ（両者のどちらも存在しうる） C　やはり D　あるいは
91	他来北京以后（　　）了很多名胜古迹。 A　旅行 B　旅游 C　观光 D　游览	彼は北京へ来てから、たくさんの名所旧跡を観光した。 A　旅行する B　観光旅行する C　観光する D　遊覧する
92	我跟她只见了一次面,对她还不太（　　）。 A　理会 B　明白 C　认识 D　了解	私は彼女と1度会っただけなので、彼女のことをまだあまりよく理解していない。 A　分かる、理解する、会得する B　分かる、はっきり知る C　見知る、知っている D　深く知る、本質的に理解する

解答と解説		
89	B	成語の問題。副詞"只好"は「…するほかない」。成語は難関でもあるが、文字からある程度類推が効く場合もあり、これらA～Dはいずれも類推が効く部類。文意から「陣に臨んで槍を磨く→泥縄」のB以外は入らない。
90	B	"不是…就是～"「…でないとすると～だ」。「色が合わないか、さもなくばデザインが悪い」。"式样"shìyàng「デザイン、スタイル」。
91	D	A～Dのいずれも旅行、観光を意味する語だが、"游览"yóulǎn以外は目的語をとれない。"名胜古迹"míngshèng gǔjì「名所旧跡」。
92	D	類義語の弁別問題。正解D"了解"は「深く知る、本質的に理解する」こと。A"理会"は「分かる、理解する、会得する」、B"明白"「分かる、はっきり知る」、C"认识"は「見知る、知っている」こと。

No.	問題文	問題文訳
93～96	请注意，旅客同志们请注意，列车的前方，（ 93 ）到达天津东站了。有（ 94 ）天津东站下车、转车的旅客，请带（ 95 ）自己的行李和包裹，（ 96 ）下车。	お知らせいたします。ご乗車の皆様、お知らせいたします。列車はまもなく天津東駅に到着いたします。天津駅で下車あるいは乗り換えをされるお客様はご自分の荷物、身の回りのものなどお忘れないよう、下車のご準備をしてください。
93	A　就要 B　也许 C　是 D　正	A　まもなく B　…かもしれない C　…である D　ちょうど…しているところだ
94	A　人 B　在 C　向 D　的	A　人 B　…で C　…へ D　…の
95	A　完 B　来 C　去 D　好	A　（運び）終える B　（持って）くる C　（持って）いく D　しっかり（持つ）
96	A　打算 B　希望 C　想要 D　准备	A　…するつもり B　希望する C　…したいと思う D　準備する

		解答と解説
93〜96		車内放送が天津東駅の近いことを告げている。"请注意"qǐng zhùyì「お気をつけください」というのがアナウンスの際の言い方。"转车"zhuǎnchē「乗り換える」。
93	A	"也许"yěxǔ「かもしれない」では意味が通らない。"就要…（了）"jiùyào…(le)「まもなく…する」が入る。
94	B	"在天津东站下车，转车"zài Tiānjīn Dōngzhàn xiàchē, zhuǎnchē「天津東駅で下車または乗り換える」が"旅客"「旅客」の連体修飾語になっている。"有（…的）旅客"yǒu（…de）lǚkè。
95	D	意味から結果補語の"好"が入る。"带好"「ちゃんと持つ」。
96	D	この"准备"zhǔnbèi は文字通り「準備する、用意する」。

No.	問題文	問題文訳
97～100	＜日语速成知音＞ 日语速成以提高会话能力为重点 ● 本校实行小班制，由经验丰富的优秀教师任课。教材图文并茂，配合音响设备，采用深入浅出的自然学习法，不论是（ 97 ）都一学就会。一般每周三次，每次二小时，一个月（ 98 ），三个月修了。 ● （ 99 ）人均可报名参加，（ 100 ）程度编班，学习时间灵活，优质服务，有清晨、白天、晚上、周末、寒暑假集中提高班等班级。	「速成日本語の友」 　速成日本語は会話能力の向上に重点を置いている ●本校は少クラス制を実施しており、経験豊富で優秀な教師が授業を担当する。教材は文章・イラストともに豊富かつ内容に優れ、LLの設備を併用し、内容は深いが分かりやすい自然学習法を取り入れているので、誰であれ学べばすぐ身につく。通常、週3回、1回2時間、1ヶ月で成果が現れ、3ヶ月で終了する。 ●誰でも申し込み参加することができ、レベル別のクラス編成、学習時間は融通性があり、質のよいサービスを提供し、朝クラス、昼クラス、夜クラス、週末クラス、夏休み冬休み集中レベルアップクラス等の各クラスを設けている。
97	A　谁 B　学生 C　老师 D　哪儿	A　誰 B　学生 C　先生 D　どこ
98	A　显效果 B　有效 C　无效 D　见成效	A　効き目がある B　有効である C　効果なし D　成果が上がる
99	A　任何 B　一些 C　何等 D　那个	A　いかなる B　いくらかの C　どのような D　あの、その
100	A　从 B　把 C　在 D　按	A　…から B　…を C　…で D　…に基づいて

解答と解説		
97	A	"不论…都〜"「…であろうと、…を問わず」は、どのような条件のもとでも結果は変わらないことを表す定型呼応構文。"不论"の次には不定用法の疑問代詞が用いられるか、また"a 还是 b"などの選択関係を表す形、"老少"「老いも若きも」などの相反する語句がくる。選択肢の中でこの条件を満たすのは、Aの"谁"「誰であろうと」。D"哪儿"「どこでも」は文意から論外。
98	D	D「成果が現れる、成果が上がる」は"见成效"が決まった言い方。
99	A	A"任何"「いかなる、どのような」は、後ろの"都"や"也"と呼応して無差別を表す。後ろの"均"は"均＝都"で、「いかなる人、誰であれ応募して入ることができる」。このAが正解。C"何等＝什么样的"で"何等人物"「どのような人物か」のように、そのものの性質や種類を尋ねる書面語の疑問代詞。
100	D	介詞（前置詞）の問題。「受講者のレベルに基づいてクラスを編成する」ということなので、D"按"「…に基づいて、…によって」が正解。A"从"は基点や経路を、B"把"構文の"把"、C"在"は時間や場所などを表す。

【第7部】語釈問題

No.	問題文	問題文訳
101	在中国手机的普及率也越来越高。 　A　BP机 　B　电脑 　C　移动电话 　D　游戏机	中国では携帯電話の普及率もますます高くなっている。 　A　ポケベル 　B　コンピュータ 　C　携帯電話 　D　ゲーム機
102	听说你快要办喜事了，祝贺你！ 　A　结婚 　B　升官 　C　过生日 　D　毕业	もうすぐ結婚式だそうで、おめでとう！ 　A　結婚する 　B　昇進する 　C　誕生日を祝う 　D　卒業する
103	给他发个伊妹儿就行了。 　A　电报 　B　传真 　C　电子邮件 　D　国际快递	彼に電子メールを送ればよい。 　A　電報 　B　ファックス 　C　電子メール 　D　国際エクスプレス
104	他是个有出息的青年。 　A　有前途 　B　有财产 　C　有声望 　D　有地位	彼は有望な青年だ。 　A　前途がある 　B　財産がある 　C　声望がある 　D　地位がある
105	听说小李跟一个大款结婚了。 　A　有权力的人 　B　年纪大的人 　C　有地位的人 　D　很有钱的人	李さんはお金持ちと結婚したそうです。 　A　権力のある人 　B　年齢の高い人 　C　地位のある人 　D　金持ち

解答と解説		
101	C	"手机"shǒujī「携帯電話」。"普及率"pǔjílǜ「普及率」。A"BP机"BPjī。B"电脑"diànnǎo。C"移动电话"yídòng diànhuà。D"游戏机"yóuxìjī。
102	A	"办喜事"は「結婚式を挙げる」の決まった言い方。ちなみに、結婚式に参列したり、結婚の祝いに行くことは"吃喜酒去"と言う。
103	C	"伊妹儿"は音訳で、C"电子邮件"「電子メール」が正解。このほかパソコン関連の語はまとめて覚えておくとよい。B"传真"は「ファックス」、D"国际快递"は「国際エクスプレス（EMS）」。
104	A	"出息"chūxi は「見込み、将来性」。"有出息"で「前途がある」。「前途なし」は"没出息"と言う。
105	D	"款"kuǎn は「お金」の意。A"权力"quánlì。

No.	問題文	問題文訳
106	你把今天的报纸搁哪儿了？ A　放 B　装 C　入 D　挂	今日の新聞をどこに置いたの？ A　置く B　詰めこむ C　入る D　かける
107	门上写着："闲人免进！" A　没关系的人 B　没事儿的人 C　没工作的人 D　有时间的人	ドアに「無用の者入るべからず」と書いてある。 A　関係のない人 B　用事のない人 C　仕事のない人 D　時間のある人
108	我妈妈这几天总说我。 A　谈论我 B　跟我讲话 C　批评我 D　告诉我	母はこの数日、いつも私を叱ってばかりいる。 A　私のことを取りざたする B　私に話す C　私を叱る D　私に知らせる
109	这个曲子真难听！ A　听不懂 B　不好听 C　听不清 D　不好唱	この曲はほんとに耳障りだ！ A　聞き心地がよくない B　音がきれいでない C　はっきり聞こえない D　歌いにくい
110	他没工夫参加我们的活动。 A　资格 B　能力 C　兴趣 D　时间	彼は私たちの活動に参加する時間がない。 A　資格 B　能力 C　興味 D　時間

解答と解説		
106	A	"搁" gē は "放" fàng と同義で「一定の位置に置く」。正解はAの"放"。
107	A	"闲人" xiánrén は「無用の人、無関係な人」。"免" miǎn は「…してはいけない」。
108	C	"说我"は「私を叱る」。「私に話す」は介詞（前置詞）フレーズを用いて"跟我说"と言う。Cの"批评"は「批判する、叱責する」で、日本語の「批評する」ではない点に注意。
109	B	"难听" nántīng は「聞き心地がよくない」で、"好听" hǎotīng「聞き心地がいい」の否定形である"不好听"のBが正解。ＡＣは可能補語の否定形、Dは"好唱"「歌いやすい」の否定で「歌いづらい」。
110	D	"工夫" gōngfu は「時間、暇」。

No.	問題文	問題文訳
111	等着<u>交钱</u>的人排着长队。 A 找钱 B 取钱 C 换钱 D 付钱	支払いを待つ人が長い列を作って並んでいる。 A お釣りを払う B お金を引き出す C 両替する D お金を払う
112	听到这个消息他<u>吓了一跳</u>。 A 跳了一下 B 吃了一惊 C 摔了一跤 D 叫了一声	このニュースを聞いて彼はびっくりした。 A 跳び上がった B びっくりした C すてんと転んだ D 一声かけた
113	连这个都拿不了，你也太<u>娇生惯养</u>了。 A 从小被宠爱纵容 B 没有教养 C 从小就招人喜爱 D 娇嫩小巧	これさえ持てないなんて、あなたもずいぶん甘やかされてきたんだね。 A 小さい頃から可愛がられ甘やかされる B 教養がない C 小さい頃から人に愛される D きゃしゃで愛らしい
114	我<u>恨不得</u>马上把这个消息告诉亲友和熟人。 A 不可能 B 非常想 C 不应该 D 不得不	私はすぐさまこの知らせを親戚や友人、知人に知らせたい。 A …できない、不可能だ B とても…したい C …すべきでない D …せざるを得ない
115	都是一些<u>鸡毛蒜皮的事情</u>，不值得争吵。 A 无关紧要的事 B 吃喝玩乐的事 C 表面的事 D 油盐酱醋的事	みな取るに足りないことだ、言い争うことはない。 A どうでもよいこと B 飲食や娯楽ごと C うわべのこと D 生活に欠かせないこと

解答と解説		
111	D	"交" jiāo「渡す、支払う」。A "找钱" zhǎo qián。B "取钱" qǔ qián。C "换钱" huàn qián。D "付钱" fù qián。
112	B	"吓了一跳"「びっくりした」の"跳"は驚いて、どきっとする回数を表す量詞。同じく「びっくりした」を表すB "吃了一惊"の"吃惊"は動詞目的語構造の離合詞。C "摔了一跤"「すてんと転んだ」、D "叫了一声"「一声かけた」。
113	A	"连这个都拿不了"「これさえ持てないなんて」。"娇生惯养"は「甘やかされて育つ、蝶よ花よと育てられる」という意味の成語。A "从小被宠爱纵容"「小さい頃から可愛がられ甘やかされる」が正解。D "娇嫩小巧"は「きゃしゃで愛らしい」。
114	B	"恨不得…" hènbude…は動詞で「…したくてたまらない」。B "非常想"が正解。Dの"不得不"の発音はbù dé bù。
115	A	"鸡毛蒜皮"「(鶏の羽やニンニクの皮のように) 取るに足りないこと」のたとえ。したがって正解はA "无关紧要的事"「どうでもよいこと」。B中の"吃喝玩乐"は「飲食娯楽、酒食遊楽」、D中の"油盐酱醋"は「油、塩、味噌、酢」から「生活必需品」のことを指す。

No.	問題文	問題文訳
116	他是<u>搞</u>计算机的，不懂艺术。 A　贩卖 B　从事 C　实行 D　生产	彼はコンピュータの仕事をしているので、芸術が分からない。 A　販売する B　従事する C　実行する D　生産する
117	有时因为不了解当地的风俗也会<u>出洋相</u>。 A　出毛病 B　出事故 C　惹麻烦 D　闹笑话	時にその地の風俗に詳しくないため、醜態を演ずることがある。 A　具合が悪い B　事故が起こる C　面倒を引き起こす D　笑いものになる
118	他摔了一跤，<u>幸亏</u>没伤着筋骨。 A　恰巧 B　好在 C　好容易 D　差点儿	彼は転んだが、幸いにも骨に異常はなかった。 A　ちょうど B　幸いに C　やっと D　ちょっとのところで
119	这位<u>不速之客</u>只颤抖着，什么也说不出来。 A　来晚的客人 B　受惊的客人 C　有急事的客人 D　没被邀请的客人	この突然の客はただ震えているばかりで、なにも言うことができなかった。 A　来るのが遅れた客 B　びっくりした客 C　急ぎの用のある客 D　招かれざる客、不意の客
120	<u>哪怕</u>一夜不睡，我也要把这本书看完。 A　就是 B　既然 C　尽管 D　虽然	たとえ一晩眠らなくても、私はこの本を読み終えなければならない。 A　たとえ（…でも） B　…であるからには（〜だ） C　…ではあるが（〜だ） D　…だが（〜だ）

解答と解説		
116	B	"搞"「やる、する、作る」はさまざまな動詞の代わりをし、文脈によっていろいろな意味を表す。ここでは「従事する」。
117	D	"洋相" yángxiàng は「醜態、滑稽な様子」。"出洋相" chū yángxiàng「醜態を演ずる」。A "出毛病" chū máobing「欠点、間違い、故障などが起こる」。C "惹麻烦" rě máfan。D "闹笑话" nào xiàohua「失態を演ずる、笑いものになる」。
118	B	"摔跤" shuāijiāo で「転ぶ」。"幸亏" xìngkuī「幸いなことに」。"筋骨" jīngǔ「筋肉と骨」。A "恰巧" qiàqiǎo「（時期、機会などが）折よく、あいにく」「運良く、運悪く」。D "差点儿" chàdiǎnr「危うく、もう少しで」。
119	D	問題文中の"不速之客" bú sù zhī kè は成語で「突然の客」、"颤抖" chàndǒu は「震える」。D "邀请"は「招く」、"没被邀请的客人"で「招かれなかった客、予期せぬ客」。
120	A	"哪怕…也〜"は"就是…也〜"に同じ。C "尽管…也〜"はDの"虽然…但是〜"に同じ。

【第8部】読解問題

No.	問題文	問題文訳
121〜122	××抗病毒口服液由板蓝根、芦根、生地、知母、连翘等纯中药用科学方法精制而成。经中山医科大学附属第一医院临床验证，对上呼吸道炎、支气管炎、流行出血性结膜炎（俗称"红眼病"）、腮膜炎等的疗效优于同类药物，总有效率达91.27%，尤其对病毒性流感和"红眼病"的疗效和预防疗效更为显著。 专家委员会鉴定："××抗病毒口服液，配方合理，服用方便，安全可靠，老少皆宜，疗效显著，无任何副作用。与西药相比其特点是长期服用不产生任何耐药性，是治疗病毒性疾患的理想药物。" 本品符合卫生部标准，达到国内先进水平，是居家旅行的必备良药。 口服，一日三次，一次两支，小儿酌减或遵医嘱。	××抗ウィルス性内服液は板藍根、蘆根、地黄、チモ、レンギョウなど純漢方薬から科学的方法で精製したものであり、上気道炎、気管支炎、流行性出血性結膜炎（俗称「紅眼病」）、おたふく風邪等の治療に対して同類の薬品より優れており、総有効率91.27%、特にウィルス性流感と「紅眼病」に対する治療効果及び予防効果が顕著であると、中山医科大学付属第1病院の臨床によって検証されている。 専門家委員会は、「××抗ウィルス性内服液は配合が合理的であり、服用が簡便、安全上の信頼性があり、老若ともに服用でき、治療効果は顕著、いかなる副作用もない。西洋医学の薬品と比べた長所は、長期服用に対していかなる薬剤耐性も生じず、ウィルス性疾患治療の理想的薬剤である」との鑑定を下している。 本品は衛生部の規準に合致し、また国内の先進的レベルに達しており、家庭及び旅行に必備の良薬である。 服用は1日3回、1回2本、子供は減量あるいは医者の指示に従う。

第2回

No.	問題文	問題文訳
121	从上文可以知道： A　该药品主要适宜于老年人服用。 B　该药品中无西药成分。 C　该药品是一种治疗"红眼病"的眼药水。 D　该药品可用于外伤止血。	上の文から分かることは： A　この薬は主に老人が服用するのに適している。 B　この薬には西洋医学の薬の成分は入っていない。 C　この薬は「紅眼病」を治す一種の目薬である。 D　この薬は外傷の止血に使用できる。
122	与上文内容相符的是： A　该药可以给儿童服用。 B　该药只有长期服用才有疗效。 C　该药出售时须经中山医科大学批准。 D　该药购买时须有医生处方。	上の文の内容と符合するものは： A　この薬は子供に服用させてもよい。 B　この薬は長期服用してこそ効果がある。 C　この薬を売る場合には中山医科大学の承認が必要である。 D　この薬を買う時は医者の処方箋がいる。

解答と解説		
121	B	Aの"主要适宜于老年人"「主に高齢者向き」やC"眼药水"「目薬」、D"用于外伤止血"「外傷の止血に使う」などの記述はない。"纯中药"「純漢方薬」を「この薬品中には西洋医学で用いる成分はない」と言い換えているBが正解。
122	A	Bは定型呼応構文"只有…才～"「（長期間服用）してこそ（有効）だ」、C"出售"chūshòu「販売」に当たって中山医科大学の"批准"pīzhǔn「承認、許可」が必要、D「買う時に医者の処方箋が必要」などはいずれも書かれていない。"老少皆宜"lǎo shào jiē yí「老若ともによし」と"小儿酌减"xiǎo'ér zhuó jiǎn「子供には少なめに」から、正解はA「この薬は児童に与えてもよい」。

No.	問題文	問題文訳
123〜126	留言	伝言
	国华友：	国華様：
	突然登门拜访，做了回不速之客。但很不巧，您出差去四川了。	突然お宅におじゃまして招かれざる客となったのだが、あいにく君は四川に出張中だった。
	自从年初打听到您的消息后，我就迫不及待地想与您见面，无奈广东距京遥远，来京机会难得，所以一直拖到现在。这次来京是为参加一个机床展销会，会议刚结束，我就匆忙赶来府上，不料您已出发两天了。	今年の初めに君の消息を聞いてからというもの、僕は君に会いたくて居ても立ってもいられなくなったのだが、広東と北京は遠く離れているし、北京に来る機会もなかなかなくて、今まで延びてしまった。今回、北京に来たのは工作機械の展示会に参加するためだが、会議終了後に急いでお宅へ伺ったところ、なんと君は出発してすでに2日になるとのことだった。
	回想十二年前，大学毕业后，我们在同一家公司共事，那时我们朝夕相处，情同手足，共同渡过了六年的美好时光。您回北京后，我不久去了美国，期间中断了联系，直到年初才又得到了您的消息。	12年前を思い起こすと、大学を卒業した僕たちは同じ会社で共に働いたが、あの頃は、朝から晩まで一緒で、兄弟のように親密に6年間、すばらしい時間を過ごしたね。君が北京へ戻ってから、まもなく僕もアメリカへ行き、途中連絡がとだえてしまい、今年の始めにやっと君の消息が分かったのだ。
	这次虽没能与您相见，但却见到了您的夫人和孩子。她们热情的招待令我感激不尽。希望明年春暖花开时，您携全家来广东故地重游，我将以东道主的身份热烈欢迎您！	今回は君に会えなかったが、君の奥さんとお子さんに会えた。彼女たちはとても僕を歓待してくれて感激したよ。来年の春、花咲く頃に御家族を連れて広東の懐かしい地を再訪してくれ。僕がホストとして君たちを歓迎する。
	江　川 　　　　　　　　　八月六日	江川 　　　　　　　　　　8月6日

第2回

No.	問題文	問題文訳
123	他们有多长时间没见了？ A 六年。 B 十二年。 C 一年。 D 半年。	彼らはどのくらい会っていませんでしたか？ A 6年。 B 12年。 C 1年。 D 半年。
124	江川这次来拜访国华是： A 趁出差的机会。 B 特地来看他。 C 受到国华的邀请。 D 趁朋友聚会之时。	江川さんが今回国華さんを訪ねたのは： A 出張のついでに。 B 特に、わざわざ会いにきた。 C 国華さんの招きで。 D 友人と集うついでに。
125	江川和国华是什么关系？ A 同一所学校的老师。 B 国华是江川的客户。 C 以前的同事。 D 师生关系。	江川さんと国華さんはどんな関係ですか？ A 同じ学校の教師。 B 国華さんは江川さんの顧客。 C 以前の同僚。 D 師弟関係。
126	下面哪句话的意思与本文不符？ A 江川拜访国华前没有告诉他。 B 江川曾去过美国。 C 他们曾在一起工作过。 D 江川一家去了四川。	下のどの項目が本文と合っていませんか？ A 江川さんは国華さんを訪ねる前、彼に言わなかった。 B 江川さんは以前アメリカへ行ったことがある。 C 彼らは以前、一緒に働いたことがある。 D 江川さん一家は四川省に行った。

解答と解説		
123〜126		"不速之客"「招かれざる客、押しかけてくる客」。"迫不及待" pò bù jí dài「矢も盾もたまらない」。"情同手足" qíng tóng shǒu zú「兄弟のように親密」。"故地重游" gù dì chóng yóu「以前住んでいた土地を再訪する」。"东道主" dōngdàozhǔ「招待者側」。
123	A	"回想十二年前"「思えば12年前」大学卒業後に同じ会社で仕事をし、"共同渡过了六年的美好时光"「6年のすばらしい時間を共に過ごした」のである。
124	A	"这次来京是…"以下に説明がある。D "趁" chèn「…を利用して、…に乗じて」。
125	C	同じ会社で働いた同僚である。
126	D	A この文章の冒頭に"突然登门拜访"とある。D "您出差去四川了"とあり、四川省へ行ったのは国華さん1人。留守宅を訪問し家族に歓迎されたことが後半に出てくる。

No.	問題文	問題文訳
127〜129	本报讯　今夏彩电特价战余波未平，由国家信息中心、上海市经委、市商委、市科委和中国电子视像行业协会主办的2000年上海彩电节，今天在上海商务中心家电城开幕。由于22个上海市著名中外彩电品牌全部参展，本届彩电节更引起业内人士与消费者的关注。 　　9月一般是彩电转入下半年销售旺季的开端，诸多厂商的新产品与促销手段均安排在此时出台。上海彩电节至今已成功举办了3届，这使9月份成为上海全年彩电销量最大、价格最低的月份。随着9月的到来，业内著名品牌全线登场，亮出该年最新品种、最低价格。 　　推进新技术是历年上海彩电节不变的主体内容，许多厂商视之为新技术走向市场的前哨。今年以"面向全球化的彩电消费"为主题，由20余家厂商提供的本年度最新产品将作实物和网上展示。加上同期举办的悉尼奥运会"火上浇油"，参展厂商谁也不肯错过这个商业良机。据悉，在为期1个月的彩电节中，将在每个双休日进行5个彩电品牌的广场特卖活动。	本紙電　今夏のカラーテレビ特別価格競争の余波はいまだ収まらず、国家情報センター、上海市経済委員会、上海市商業委員会、上海市科学技術委員会及び中国電子視覚映像業協会主催による2000年上海カラーテレビ祭が本日、上海ビジネスセンター家電城で開幕した。上海市にある国内外の22の有名ブランドのカラーテレビがすべて出品されているため、今回のカラーテレビ祭は、業界関係者と消費者の注目をひときわ集めている。 　9月は一般に、カラーテレビの下半期販売シーズンに入るため、多くのメーカーの新商品と販売戦略は、みなこの時期に登場する。上海カラーテレビ祭はこれまですでに3回開催され、成功を収めたので、（これが引き金となって）9月が、上海の年間を通じてのカラーテレビ売り上げ最大、価格最低月間となったのである。9月の到来とともに、業界の有名ブランド商品が出揃い、本年の最新型、かつ最低価格がお目見えする。 　新技術の推進が、数年来の上海カラーテレビ祭の変わらぬメインテーマであったため、多くのメーカーはこれを新技術が市場に出るための前哨戦と見なしている。本年は「カラーテレビのグローバル消費に向かって」をテーマとし、20あまりのメーカーが本年の最新商品の実物と

| | ネット上での展示を行っている。加えてシドニーオリンピックが「火に油を注ぎ」、展示参加メーカーは、いずれもこのビジネスチャンスを逃がそうとはしない。カラーテレビ祭のこの1ヶ月間、毎週末2日の休日に、5つのメーカーの広場で特売キャンペーンが行われるとのことである。 |

No.	問題文	問題文訳
127	以下哪个是上海彩电节的主办单位之一： A　上海市电子视像行业协会。 B　上海市科学技术委员会。 C　22个著名中外彩电厂商。 D　上海商务中心家电城。	上海カラーテレビ祭の主催団体の1つなのは次のどれか： A　上海市電子視覚映像業協会。 B　上海市科学技術委員会。 C　22の国内外有名カラーテレビメーカー。 D　上海ビジネスセンター家電城。
128	文章中"火上浇油"的意思是： A　使彩电价格上涨。 B　使会场秩序更加混乱。 C　给彩电销售提供了更好的场所。 D　更加刺激消费者购物心理。	文中の"火上浇油"の意味は： A　カラーテレビの価格を上昇させた。 B　会場の秩序をさらに混乱させた。 C　カラーテレビの販売によい場所を提供した。 D　消費者の購買意欲をさらに刺激した。
129	与文章内容不符的是： A　许多厂商都在9月推出他们新的销售方法。 B　这一年夏天许多彩电厂商曾纷纷降价展开商战。 C　这次举办的是第3届上海彩电节。 D　许多厂商把彩电节看作是披露新技术的理想场所。	本文の内容と合っていないものは： A　多くのメーカーは9月に新しい販売方式を展開する。 B　今夏、多くのカラーテレビメーカーは続々とディスカウントセールを展開した。 C　今回開催されたのは第3回上海カラーテレビ祭である。 D　多くのメーカーはカラーテレビ祭を新技術披露の絶好の場所と見なしている。

解答と解説		
127	B	"由…主办"の"由"は動作の主体を表す介詞（前置詞）で、「…が主催する」。この"由"の次に並んでいる主催団体の中に"市科委"がある。"市"は上海市、"科委"は"科学技術委員会"の略。
128	D	"火上烧油"は「火に油を注ぐ」で、D「消費者の購買意欲を更に刺激した」が正解。ＡＢＣはいずれも違う。
129	C	本文の内容に合致しないものを選ぶ点に注意。"至今已成功举办了3届"「これまですでに3回開催され」とあり、この3回目の成果が9月新製品発売、最低価格月間をもたらしたと解説されている。したがって今回は4回目。合致しないのはＣのみ。

No.	問題文	問題文訳
130 ～ 133	野生动物孤儿院　　肯尼亚为所有失去双亲的野生动物的孤儿们修建了这个比家更温暖的"家"。　　孤儿院每天中午和傍晚都向游人开放。每个小象孤儿都有一个男性"妈妈"，他们24小时伴随在小象身边。夜晚小象睡在草铺的"床"上，"妈妈"则睡在羽绒睡袋里。　　中午，非洲毒辣辣的阳光会烤焦小象稚嫩的皮肤，"妈妈"就撑开阳伞给它遮阳。孤儿院里最小的小象只有4个月大，还没有独立生存的能力。每天"妈妈"都领着小象各处散步，帮助它们熟悉将来生活的环境。太阳最毒时，小象就回来洗泥塘澡。下午5点，太阳快落时，就回来喝牛奶。每头小象一次要喝掉6公升牛奶。　　孤儿院的小象、小犀牛、小长颈鹿……长大了，能独立生活时就被送到旁边的国家野生动物公园。很多已经出去独自闯天下的孤儿还会"常回家看看"。它们有着和人一样的感激和思念，尽管这种情感还没被人类充分地理解。	野生動物の孤児院　　ケニアは両親を亡くしたすべての野生動物の孤児たちのために、家よりももっと暖かなこの「家」を建設した。　　孤児院は毎日、正午と夕方、観光客に開放されている。子象にはそれぞれに1人ずつ男性の「お母さん」がいる。彼らは24時間、子象の身辺に付き添っており、夜、子象は草の「ベッド」で、「お母さん」はダウンの寝袋で寝る。　　昼間、アフリカのギラギラとした太陽の光が子象の軟らかな皮膚に照りつけると、「お母さん」は子象のために日傘を開いて日を遮ってやる。孤児院で最も幼い子象は生後たった4ヶ月で、まだ独りで生きていく能力がない。毎日「お母さん」が子象を連れていろいろなところへ散歩に行き、彼らが将来生活していく環境をよく知ることができるよう手助けをしている。太陽が最も照りつけている時、子象は泥の水浴びに戻ってくる。また午後5時、日が沈みかけるころにミルクを飲みに戻ってくる。どの子象も1回に6リットルのミルクを飲む。　　孤児院の子象、サイ、キリン…が成長し、独立して生活できるようになったら、近くの国立野生動物公園へ送り届けられる。孤児院を出て独りで生活をしているたくさんの孤児たちは「里帰り」もでき

| | | る。彼らは人間と同じような感謝と故郷を懐かしむ気持ちを持っている。ただ、こういった感情は人類にまだあまり理解されてはいないが。 |

No.	問題文	問題文訳
130	一个男性"妈妈"指的是： A　饲养员。 B　大象。 C　游客。 D　孤儿院。	男性の「お母さん」というのは： A　飼育係。 B　象。 C　観光客。 D　孤児院。
131	小象晚上睡在哪里？ A　睡袋里。 B　野生动物公园里。 C　草上。 D　"妈妈"家里。	子象は夜、どこで寝ていますか？ A　寝袋の中で。 B　野生動物公園で。 C　草の上で。 D　「お母さん」の家で。
132	孤儿长大后在哪里生活？ A　依然留在此地。 B　国家野生动物公园。 C　当初被发现的地方。 D　"妈妈"的身边。	孤児たちは成長した後、どこで生活しますか？ A　そのままそこにとどまる。 B　国立野生動物公園。 C　初めに発見された所。 D　「お母さん」の側。
133	下面哪句话的意思与本文不符？ A　孤儿院每天从早到晚向游人开放。 B　小象24小时都有人照顾。 C　小象每天都散步。 D　孤儿们长大了以后还常回来看看。	以下のどの文がこの文章の内容と合っていませんか？ A　孤児院は毎日朝から晩まで観光客に開放されている。 B　子象は24時間、誰かが世話をしている。 C　子象は毎日散歩をする。 D　孤児たちは成長してからもしばしば会いに戻って来る。

解答と解説		
130～133		長文の読解問題を解く際、文章を頭から丁寧に読んでいくと時間がかかりすぎる。まず設問に目を通し、文章全体の内容の見当をつけるとともに、問われているポイントを知るようにするとよかろう。
130	A	ケニア政府は親を失った野生動物の「孤児院」を建設し、そこを彼らの「家」としている。「母親」とは飼育係を指す。"饲养员"sìyǎngyuán「飼育係」。
131	C	"小象睡在草铺的'床'上"とある。"草铺"cǎopū「草を敷いてある」。
132	B	"长大了，能独立生活时就被送到旁边的国家野生动物公园"とある。
133	A	"孤儿院每天中午和傍晚都向游人开放"とあり、観光客に解放されているのは1日の中で昼頃と夕方だけである。

No.	問題文	問題文訳
134〜137	本市西区的一对年轻夫妻挺有意思，两人平日分头分期各自购买彩票，在中了万余元的一等奖之后，共同建立"家庭购彩基金"，留作今后继续购买彩票的专用款。 　　据了解，这对夫妻喜欢购买体育彩票，并有约在先：只玩传统型，妻子周二买，丈夫周五投，谁最多都不能超过20元。这样下来，他们虽没中过大奖，但5元、20元的小奖却常有入帐。几天前丈夫花20元买了10张传统型玩法彩票，结果中了11856元的一等奖。夫妻俩到市体彩中心领奖后，当即表示用这笔钱建立"家庭购彩基金"，作为今后购买体育彩票专款，决不挪作它用。	本市西区の若い夫婦はとても面白い。2人は普段、それぞれ時期を分け、めいめい宝くじを買っていたが、1万元あまりの1等賞に当たってからは、共同で「ファミリー宝くじ購入基金」を作って、今後、引き続き宝くじを購入するための専用資金とした。 　　聞いたところでは、この夫婦はスポーツ宝くじを購入するのが好きで、前もって次のように決めてあった。オーソドックスなものだけで遊び、妻は火曜日に買い、夫は金曜日に買う。夫婦のどちらも20元を超えてはいけない。このようにしていると、大当たりはしなかったが、それでも5元、20元といった小さな賞金はしょっちゅう記帳された。数日前、夫が20元でオーソドックスな宝くじを10枚買ったところ、11,856元の1等賞が当たった。夫婦2人は市のスポーツ宝くじセンターで賞金を受け取るとすぐに、「このお金で『ファミリー宝くじ購入基金』を作り、今後スポーツ宝くじ購入の特別支出金とし、決して他に流用しない」と表明した。

第2回

No.	問題文	問題文訳
134	这对夫妻的"家庭购彩基金"是在什么情况下建立的？ A　是一年前共同建立的。 B　中了一等奖之后建立的。 C　是丈夫自己建立的。 D　是妻子自己建立的。	この夫婦の「ファミリー宝くじ購入基金」はどのような状況で作られましたか？ A　1年前に共同で作った。 B　1等賞が当たった後に作った。 C　夫が自分で作った。 D　妻が自分で作った。
135	夫妻俩一周共买几次彩票？ A　两次。 B　三次。 C　四次。 D　五次。	夫婦は1週間に合わせて何回宝くじを買いますか？ A　2回。 B　3回。 C　4回。 D　5回。
136	他们中一等奖的彩票是谁花多少钱买的？ A　是丈夫花20元买的。 B　是丈夫花10元买的。 C　是妻子花10元买的。 D　是妻子花20元买的。	彼らが1等賞を当てた宝くじは、誰がいくら使って買ったのですか？ A　夫が20元使って買った。 B　夫が10元使って買った。 C　妻が10元使って買った。 D　妻が20元使って買った。
137	他们打算怎样使用"家庭购彩基金"？ A　用来改善生活。 B　用来买电脑。 C　只用来买彩票。 D　用来外出旅游。	彼らは「ファミリー宝くじ購入基金」をどのように使うつもりですか？ A　生活を改善するために使う。 B　パソコンを買うために使う。 C　宝くじを買うためだけに使う。 D　旅行に行くために使う。

解答と解説		
134	B	"在中了万余元的一等奖之后，共同建立'家庭购彩基金'"「1万元あまりの1等賞に当たったあと、共同で『ファミリー宝くじ購入基金』を作った」とある。"彩票"は「宝くじ」、"中了彩票"は「宝くじに当たった」。
135	A	"妻子周二买，丈夫周五投"「妻は火曜日に買い、夫は金曜日に（お金を）投じる」とある。したがって正解はA"两次"。
136	A	"几天前丈夫花20元买了10张传统型玩法彩票，结果中了11856元的一等奖"「数日前、夫は20元を使って10枚のオーソドックスな宝くじを買い、その結果11,856元の1等賞に当たった」と書かれている。
137	C	"当即表示用这笔钱建立'家庭购彩基金'，作为今后购买体育彩票专款，决不挪作它用"「このお金で『ファミリー宝くじ購入基金』を作り、今後スポーツ宝くじ購入の特別支出金とし、決して他に流用しない、とすぐに表明した」とある。したがって正解はC"只用来买彩票"「宝くじを買うためだけに使う」。"专款"は「指定項目だけに使えるお金、特別支出金」。

No.	問題文	問題文訳
138～140	在今年高校毕业生就业活动中，教师职业成为热门。北京记者从日前召开的暑期北京高校领导干部会上获悉，今年北京高校毕业的就业率与往年基本持平。80.5%的高校毕业生找到了自己的发展之路：就业、出国考研究生。近年，普教教师成为学生择业的热门职业，北京市师范类毕业生首次出现了前所未有的待业现象。 　　首都师范大学的有关负责人告诉记者，今年与往年相比，愿意留在普教口当中小学教师的毕业生大大增加，99%的毕业生希望当教师，以前想方设法想跳出普教口的现象绝迹了。今年不光是师范生想当普教老师的多了，越来越多的普通高校的毕业生也把落脚点选在中小学校，不少硕士、博士研究生开始在重点中学择业。记者从北京各师范大学了解到，近年来第一志愿录取新生的比例在逐年提高。北京教师职业为何受宠？北京师范大学的成有信教授认为，北京等城市的教师培养已经向教师职业证书阶段过渡。他说，北京达到小康阶段后，由于教师待遇提高，教师队伍稳定，教师短缺问题得到缓解，已有一些高学历青年自愿到普教任教。	今年の大学、専門学校の卒業生の就職活動で、教職が人気部門となっている。北京の記者は、先日来開催されている夏期北京大学・専門学校等の指導者幹部会の席上、今年の北京の大学や専門学校等の卒業生の就職率は、基本的に平年と同じレベルを維持したとの情報を得た。80.5%の卒業生は就職、出国、大学院受験など、自分を活かす道を見つけた。近年、普通教育を担当する教師も学生に人気の職業となり、北京市師範大学などの卒業生に、初めて就職の順番待ちの現象が起きた。 　　首都師範大学の関連部門の責任者が記者に語ったところによると、今年は以前に比べて、普通教育関連部門にとどまり、小中高校の教職を希望する卒業生が大幅に増加し、卒業生の99%が教師になることを希望している。以前のように、なんとか策を弄して普通教育関連部門から抜けだそうとするような現象は全くなくなったということである。今年は師範大生に普通教育の教職志望者が増えただけでなく、一般の大学の卒業生も小中高校へ腰を落ち着けようとするものがますます増え、多くの修士、博士たちもエリート中高等学校を就職先に選び始めた。記者は北京の各師範大学から、近年、（師範大学を）第1志望として入学してくる学生の割合がますます高まっているという情

報を得た。北京の教職はなぜこのように人気があるのか。北京師範大学の成有信教授は、北京などの都市の教師養成は、職業としての教員免許の段階に向けて移行していると見ている。彼は、北京では、小康状態に達したあと、教員の待遇は改善され、教員の人数も安定し、教師不足も徐々に改善されたために、すでに一部の高学歴の青年が自ら望んで普通教育に携わりだしていると語っている。

No.	問題文	問題文訳
138	这是一篇： A 新闻报道。 B 英雄故事。 C 旅游简介。 D 政府报告。	これは1編の： A ニュース。 B 英雄の物語。 C 旅行案内。 D 政府の報告。
139	最近高校生毕业后， A 希望考大学的学生越来越多。 B 想去中小学的人很少。 C 愿意在中小学工作。 D 99％的人都已经考上了研究生。	最近、大学、専門学校生は卒業後、 A 大学受験を希望する生徒がますます多くなってきた。 B 高、中、小学校へ行きたいという人は少ない。 C 高、中、小学校で働きたい。 D 99％の人がすでに大学院に合格した。
140	从这篇文章可以看出： A 北京的教师待遇有所提高。 B 当中小学老师的比例达到80.5％。 C 高校毕业生都想方设法地跳出普教口。 D 今年北京中小学很缺教师。	この文章から分かることは： A 北京の教師の待遇はよくなった。 B 高、中、小学校の教師になる比率は80.5％に達した。 C 大学、専門学校等の卒業生はみなあれこれ策を弄して普通教育関係の仕事から逃れようとする。 D 今年、北京の高、中、小学校は教師不足である。

解答と解説		
138〜140		大学生の就職先として教職が人気を得だしたという記事である。その背景に、かつて、初等・中等教育部門はその待遇の悪さから、師範学校の卒業生でさえ就職先としては避けていたということがある。記事中の"高校"は日本で言う「高等学校」ではなく、「高等教育を行う学校」のことで、総合大学、単科大学、高等専門学校などを指す。
138	A	"北京记者…领导干部会上获悉" huòxī とあり、また "…有关负责人告诉记者" とあることから分かる。
139	C	この設問に対する解答は本文の随所に見られるが、"普教教师成为学生择业的热门职业"「普通教育の教師は学生の職業選択にあたって人気の職業になった」とある。"高校生"を「高校生」と思うと間違える。
140	A	B「大卒の80.5%は進路を決めた」とある。C "以前…的现象绝迹了" juéjì「以前の…現象は全くなくなった」とある。

■■■ 第 3 回 ■■■

【第1部】基本数量問題

No.	選択肢		音声	音声訳
1	A	4月16日	十月十九号	10月19日
	B	4月19日		
	C	10月16日		
	D	10月19日		
2	A	上午 5：35	下午五点三刻	午後5時45分
	B	下午 5：45		
	C	上午 6：15		
	D	下午 6：45		
3	A	2002年7月	二零二零年十一月	2020年11月
	B	2020年11月		
	C	2002年1月		
	D	2020年10月		
4	A	315	七百七十五	775
	B	345		
	C	715		
	D	775		
5	A	5203-7295	五二零三七幺九五	5203-7195
	B	5203-1255		
	C	5203-7195		
	D	5203-1295		
6	A	9：50	差十分九点	9時10分前
	B	9：10		
	C	8：50		
	D	10：09		
7	A	2	十减二等于几？	10－2＝？
	B	6		
	C	8		
	D	12		

解答と解説		
1	D	選択肢に目を通した段階で、舌歯音の"4" sì と、そり舌音の"10" shí の違いを聞き分ける問題と見当をつけ、それを聞き取る。16の"6" liù と 19の"9" jiǔ は、母音が同じで子音と声調が異なる。"日" rì は、音声では話し言葉の"号" hào で発音しているので注意。
2	B	時刻の言い方。まず"上午" shàngwǔ か"下午" xiàwǔ かを聞き分け、あとは 5 と 6 を聞き取る。45分を"三刻" sān kè と言っている点に注意。
3	B	西暦は位数をつけずに 1 つずつ読む。「0」の読み方は"零" líng。月の"十" shí と"十一" shíyī の聞き間違いが少し見られる。正解は èr líng' èr líng nián shí yī yuè。
4	D	Cの"七百一十五" qībǎi yīshíwǔ との聞き違いが見られる。"一" yī と"七" qī の違いに注意。ほかに"一" yī と"四" sì の違いにも注意する。
5	C	電話番号や郵便番号、3桁以上の部屋番号、路線番号などはよく粒読みされる。その場合、"一" yī は"幺" yāo と読むが、それを知らずにAを選んでしまった人が目立つ。"幺"を使うのは"七" qī との聞き違いを避けるため。覚えておこう。「0」は"零" líng と読み、正解は wǔ èr líng sān qī yāo jiǔ wǔ。
6	C	時刻の「…分前」の言い方を聞き取る。「…分前」は"差" chà、音声は"差10分9点" chà shí fēn jiǔ diǎn「9時10分前」、つまり 8 時 50 分で、正解はC。
7	C	"减" jiǎn は「引く」、"等于" děngyú は「イコール」のことで、これは引き算の問題。10－2の答えは"八" bā。数字しか聞き取れず、2 つを足してDを選んでしまう間違いが多く見られる。「足す」は"加" jiā、「掛ける」は"乘" chéng、「割る」は"除" chú と言う。覚えておこう。

No.	選択肢		音声	音声訳
8	A	40cc	二十九摂氏度	29℃
	B	19℃		
	C	49cc		
	D	29℃		
9	A	77%	十分之七	7/10
	B	7/10		
	C	17%		
	D	7/17		
10	A	30 m	三十立方米	30 立方メートル
	B	30 m²		
	C	30 m³		
	D	30 km		

解答と解説		
8	D	温度の℃は"摄氏度"shèshìdù。ccは"毫升"háoshēng。
9	B	分数は"…分之〜"…fēn zhī〜を使い、パーセントは"百分之…"bǎi fēn zhī…を使う。Cは"百分之十七"bǎi fēn zhī shíqī、Dは"十七分之七"shíqī fēn zhī qī。この2つと正解のshí fēn zhī qīを聞き間違えないように。
10	C	sānshí lì fāngmǐと発音されたが、多くの人がCの「m²」("平方米"píngfāngmǐ)と聞き間違えた。「m」は"米"mǐ、「km」は"公里"gōnglǐ。いろいろな単位を音で覚えておこう。

【第2部】図画写真問題

No.	図画	音声	音声訳
11		A 做操 B 跳舞 C 跑步 D 散步	A 体操をする B ダンスをする C ジョギングをする D 散歩をする
12		A 洗盘子 B 洗手 C 洗澡 D 洗脸	A 皿を洗う B 手を洗う C 入浴する D 顔を洗う
13		A 熨裤子 B 洗袜子 C 织毛衣 D 裁衣服	A ズボンにアイロンをかける B 靴下を洗う C セーターを編む D 服地を裁断する
14		A 捡起来 B 坐下来 C 拿出来 D 放进去	A 拾い上げる B 腰を下ろす C 取り出す D しまいこむ
15		A 搬电视 B 开电视 C 修电视 D 擦电视	A テレビを運ぶ B テレビをつける C テレビを直す D テレビを拭く
16		A 微笑 B 激动 C 愤怒 D 吃惊	A 微笑む B 感激する C 激怒する D 驚く
17		A 告别 B 开会 C 道歉 D 感谢	A 別れを告げる B 会議を開く C 謝る D 感謝する

解答と解説		
11	C	「駆け足をする、ジョギングする」に当たる中国語は"跑步"pǎobù。体操をしている絵ではない。
12	A	洗っているモノを尋ねる問題。「洗う」は"洗"xǐ、「皿」は"盘子"pánzi と言う。どれも生活上ごく基本的なフレーズなので覚えておこう。
13	A	家事に関する動作や行為。"熨"yùn「アイロンをかける」が聞き取れなくても"裤子"kùzi「ズボン」がヒントとなる。"织"zhī「編む」、"裁"cái「裁断する」も覚えておこう。
14	A	単音節の動詞に方向補語がついた表現。Cの"拿"ná「持つ」は選びやすいが、"出来"chulai がついているので誤答と分かろう。Aは jiǎnqilai。
15	B	スイッチを入れてテレビをつけた。"开"kāi「スイッチを入れる」、"搬"bān、"修"xiū、"擦"cā、いずれも基本動詞。「テレビをつける」は"开电视"、正解はB。
16	A	にっこり微笑む女性。"微笑"wēixiào。"激动"jīdòng は「感激する」、日本語の「激動」と意味が違う点に注意。"愤怒"fènnù、"吃惊"chījīng、これらを文字からではなく、音声として聞き分けられるかどうか。
17	C	一方は怒り、一方は平身低頭、謝っている場面。「謝る」は"道歉"dàoqiàn で正解はC。他のいずれも社会生活で使われる常用語彙、これらを知っているかどうかも問われている。

No.	図画	音声	音声訳
18		A 扑蝴蝶 B 拍苍蝇 C 打蚊子 D 捉蜻蜓	A チョウを捕まえる B ハエをたたく C カをたたく D トンボを捕まえる
19		A 候车室 B 咖喱饭 C 汽车站 D 加油站	A （駅の）待合室 B カレーライス C バス停 D ガソリンスタンド
20		A 吹风 B 点头 C 烫头 D 刮风	A ドライヤーをかける B うなずく C パーマをかける D 風が吹く
21		A 她们躺在床上睡得很香。 B 靠窗户的那个人正在看书。 C 她们两个人高兴极了。 D 带手表的人拿着书睡着了。	A 彼女らはベッドでぐっすり眠っている。 B 窓にもたれている人は本を読んでいる。 C 彼女ら2人は大喜びしている。 D 腕時計をしている人は本を持ったまま眠っている。
22		A 水果店门前坐着一个女的。 B 水果店门前坐着一个男的。 C 一个男的在称水果。 D 一个男的坐着吃水果。	A 果物屋の前に女性が1人座っている。 B 果物屋の前に男性が1人座っている。 C 1人の男性が果物を量っている。 D 1人の男性が座って果物を食べている。

		解答と解説
18	C	"蝴蝶"húdié「チョウ」、"苍蝇"cāngying「ハエ」、"蚊子"wénzi「カ」、"蜻蜓"qīngtíng「トンボ」は知っておきたい。チョウを「捕まえる」には"扑"pū が、ハエたたきなどでたたく場合は"拍"pāi が使われる。
19	D	Aの"候"hòu は「待つ」。Aの"车"やCの"汽车"qìchē に惑わされてはいけない。Dの"加油"jiāyóu は「頑張れ」ではなく、文字通り「油を加える」。B gālifàn。
20	A	絵と関係のある"风"fēng「風」や"头"tóu「頭」が次々と出てくる。A chuī fēng には「風に当たる」意味もあるが、ここでは「ドライヤーをかける」の意。C tàng tóu。
21	D	車内でシートにもたれて眠っている２人、１人は腕時計をし、本は開いたまま。A "在床上"zài chuáng shang、B "在看书"zài kàn shū、C "高兴极了"gāoxìng jí le は排除される。
22	B	果物屋、人は店内に１人、店の前に腰掛けている男性が１人、はかりが置いてあり、並べられた果物……。A "一个女的"yí ge nǚ de が違う。B "一个男的"yí ge nán de で写真に合致。C "称"chēng は「(重さを) 量る」。D "吃水果"chī shuǐguǒ 果物を食べている人はいない。

No.	図画	音声	音声訳
23		A 房间里有一台电视，一个小姑娘正躺在床上看书。 B 房间里有一个暖水瓶，一个小姑娘正在沏茶。 C 小姑娘正坐在椅子上看电视，旁边放着一个暖水瓶。 D 小姑娘正坐在椅子上看书，旁边放着电视机。	A 部屋の中にはテレビが1台あり、若い女性がベッドに横になって本を読んでいる。 B 部屋の中には魔法瓶があり、若い女性がお茶を入れている。 C 若い女性が椅子に座ってテレビを見ており、そばには魔法瓶が置いてある。 D 若い女性が椅子に座って本を読んでおり、そばにはテレビが置いてある。
24		A 两个人双手捧着鲜花。 B 两个人都拿着学位证书。 C 男士正在向女士献花。 D 他们俩都穿着学士服。	A 2人は両手に花束を抱えている。 B 2人とも学位証書を手に持っている。 C 男性が女性に花束を贈っているところだ。 D 彼らは2人とも学士服を着ている。
25		A 大楼已经彻底拆完了。 B 楼前有几个工人坐着看拆楼。 C 许多工人正在盖楼。 D 大楼只拆了一半。	A ビルはすでにすっかり取り壊した。 B ビルの前で、数人の労働者が座って取り壊しを見ている。 C たくさんの労働者がビルを建てている。 D ビルは半分だけ取り壊された。

解答と解説		
23	D	不正解の選択肢にはそれぞれ1ヶ所だけ誤りがあり、他の部分は正しいので、最後まで気を抜かずに落ち着いて聞くこと。Aの"躺在床上"tǎngzài chuáng shang「ベッドに横になる」を聞き逃して間違えるケースが目立つ。始めに正解と思われるものが出ると、そのあと安心して聞かなくなってしまう。Bは"沏茶"qī chá「お茶を入れる」、Cは"看电视"kàn diànshì「テレビを見る」が写真と異なる。
24	B	"两个人"liǎng ge rén、"他们俩"tāmen liǎに注意。2人に共通しているのは学位証書を手に持っている点で、花や服装は一方の特徴でしかない。Cの"正在献花"zhèngzài xiàn huāは「花束を贈っているところ」。
25	D	"盖"gài「建てる」が聞き取れればCは除外される。"拆"chāiは「取り壊す」こと。Aでは"彻底"chèdǐ「徹底的に」と結果補語の"完"wánを、Bでは"坐着"zuòzheを、Dでは"一半"yíbàn「半分」を聞き取る。写真のような風景は中国ではよく見られる。"拆"は教科書にはあまり出てこないが、覚えておこう。

No.	図画	音声	音声訳
26		A　孩子们都穿着花裙子。 B　每个老师都抱着一个孩子。 C　孩子们一边走一边哭。 D　老师带着孩子们在散步。	A　子供たちはみな、柄のあるスカートをはいている。 B　どの先生も子供を1人ずつ抱いている。 C　子供たちは歩きながら泣いている。 D　先生が子供を連れて散歩をしている。
27		A　立交桥下面有很多车。 B　立交桥上面跑着很多车。 C　立交桥下面一辆车也没有。 D　立交桥下面跑的都是公共汽车。	A　陸橋の下にはたくさんの車がある。 B　陸橋の上を多くの車が走っている。 C　陸橋の下には1台の車もない。 D　陸橋の下を走っているのはみなバスだ。
28		A　一个中年男人在路旁修理自行车呢。 B　一个中年男人在外边理发呢。 C　有几个人在宾馆的理发室理发呢。 D　女青年正要进理发室。	A　1人の中年男性が道端で自転車を直している。 B　1人の中年男性が外で髪を切っている。 C　何人かの人がホテルの理容室で髪を切っている。 D　若い女性が理容室に入ろうとしている。

		解答と解説
26	D	園児らしいたくさんの子供が先生に連れられて歩いている。みなズボン、大人は4人、1人が子供を抱いている、リヤカーが1台。A"花裙子"huā qúnzi の"花"は「柄もの」の意。B"都抱着"dōu bàozhe（子供を）抱いているのは1人で、"都"ではない。C"哭"kū 子供は泣いていない、ABCはいずれも違う。D"带着孩子们在散步"dàizhe háizimen zài sànbù が正解。
27	A	陸橋があり、下の大通りは各種の車の列、上はたくさんの歩行者、遠くに高いビル……音声は"上面"shàngmian と"下面"xiàmian を問題にしている。A"下面有很多车"xiàmian yǒu hěn duō chē は合致。B"上面"に"很多车"はなく、Cは"下面"に"一辆车也没有"と否定されている。肯定か否定かに注意して聞くのも大切なポイント。D"都是公共汽车"、車はバスだけではない。（注）"立交桥"は「立体交差」のことで、陸橋は通常"天桥"と言う。ここでは"立交桥"と"天桥"が対比されているわけではなく、出題者も受験者も"立交桥"を「歩道橋、陸橋」と判断しているので、Aを正解として採点を行った。
28	B	A"路旁"lùpáng「道端」が聞き取れなくとも"修理自行车"xiūlǐ zìxíngchē「自転車を直す」は分かるのでこれは選ばない。Bで lǐfà が分からなくて迷っても、続くCDのいずれにもこの lǐfà という音が出てくる。これはどうも「理髪」と関係がありそうだ。最後は"在外边"zài wàibian「外で」が決め手になってBを選ぶ。

No.	図画	音声	音声訳
29		A　大人拉着小孩儿往前走。 B　小孩儿趴在地上。 C　爸爸和儿子在打雪仗。 D　雪地上一个小孩儿拉着大人。	A　大人が子供を引っぱって前進している。 B　子供は地面に腹ばいになっている。 C　父親と息子は雪合戦をしている。 D　雪の上で１人の子供が大人を引っぱっている。
30		A　一个孩子在堆雪人。 B　下了一场大雪。 C　一个孩子滑倒了。 D　一个孩子在滑雪。	A　１人の子供が雪だるまを作っている。 B　大雪が降った。 C　１人の子供が滑って転んだ。 D　１人の子供がスキーをしている。

解答と解説		
29	D	"拉" lā は「引っぱる」。Bの "趴" pā は「腹ばいになる」、Cの "打雪仗" dǎ xuězhàng は「雪合戦をする」という意味。
30	B	A "堆雪人" duī xuěrén「雪だるまを作る」は聞き取れなくて迷うかもしれない。C "滑倒" huádǎo は「滑って倒れる」こと。Bこれぐらいの降雪量で "大雪" dàxuě とはいかがかと思われる方もいようが、B以外ははっきりと違っている。

【第3部】会話形成問題

No.	設問と選択肢音声	設問と選択肢訳
31	甲：去北京站坐几路车？ 乙：A 换一次车。 　　B 从这儿坐10路车。 　　C 在西单下车。 　　D 在马路旁边。	甲：北京駅へは何番の路線バスに乗るのですか？ 乙：A 1度乗り換えます。 　　B ここから10番バスに乗ります。 　　C 西単で下車します。 　　D 大通りのそばです。
32	甲：你教我日语，我教你中文，我们互教互学，怎么样？ 乙：A 你的英语真不错。 　　B 我去过日本。 　　C 这个主意不错。 　　D 今天几月几号了？	甲：あなたが私に日本語を教え、私があなたに中国語を教え、お互いに勉強するのはどうですか？ 乙：A あなたの英語は本当にすばらしい。 　　B 私は日本に行ったことがある。 　　C その考えはいい。 　　D 今日は何月何日ですか？
33	甲：请问，在房间里能打国际电话吗？ 乙：A 对，号码是2431-4567。 　　B 可以，先拨零，然后拨国家号码。 　　C 没问题，我已经听过好几遍了。 　　D 放心吧，明天我就打电话跟你联系。	甲：すみません、部屋から国際電話がかけられますか？ 乙：A そうです、番号は2431-4567です。 　　B できます、まず0を回し、それから国番号を回します。 　　C だいじょうぶ、私はもう何回も聞いたことがあります。 　　D 安心しなさい、明日、私が電話であなたに連絡します。

解答と解説		
31	B	甲の質問は"坐几路车"zuò jǐ lù chē「何番の路線バスに乗るのか」。答えはBの"坐10路车"zuò shí lù chē。Aの乗り換え回数や、Cのどこで降りるか、またDの「通りのそばにある」、などはいずれも質問と関係がない。なお、Cの"西单"Xīdān は北京の繁華街の名。
32	C	英語は話題にはなっていないのだからAは違う。Bも的外れ。Cの"主意"は「アイディア、考え」、「その考えはいい」でCが正解。Dは論外。
33	B	宿泊客がフロントなどホテルの従業員に尋ねている場面が想定される。"能打吗"néng dǎ ma「電話できますか」の応答には"可以"kěyǐ「できます」あるいは"不能"bù néng「できません」が適当。Cの"听"tīng は話や音楽を聴くことで、「尋ねる」ではない。Dの「明日、電話であなたと連絡を取る」も質問とはかみ合わない。"打电话"dǎ diànhuà に惑わされないこと。

No.	設問と選択肢音声	設問と選択肢訳
34	甲：田中先生，您又来出差了？ 乙：A　不，我这次是带妻子来旅游的。 　　B　他经常去欧洲。 　　C　他什么时候能回来？ 　　D　10点出发。	甲：田中さん、また出張で来たのですか？ 乙：A　いいえ、今回は妻を連れて旅行に来ました。 　　B　彼はしょっちゅうヨーロッパに行きます。 　　C　彼はいつ帰れますか？ 　　D　10時に出発します。
35	甲：快6点了，我得走了。 乙：A　请喝茶。 　　B　快请进。 　　C　忙什么？ 　　D　欢迎欢迎。	甲：もうすぐ6時になるので、おいとましなければ。 乙：A　お茶をどうぞ。 　　B　早くお入りください。 　　C　急ぐことはありません。 　　D　ようこそ。
36	甲：买两张去天津的车票。 乙：A　您要哪天的？ 　　B　天津离这儿有多远？ 　　C　这两天天气很不好。 　　D　您要什么颜色的？	甲：天津行きの切符を2枚ください。 乙：A　何日のが要りますか？ 　　B　天津はここからどれぐらい遠いですか？ 　　C　ここ数日は天気がとても悪いです。 　　D　何色が欲しいですか？
37	甲：给您添麻烦了。 乙：A　没事儿。 　　B　请多多关照。 　　C　请原谅。 　　D　打搅您了。	甲：面倒をおかけしました。 乙：A　何でもありません。 　　B　どうぞよろしく。 　　C　どうぞお許しください。 　　D　お邪魔しました。

解答と解説		
34	A	"出差"chūchāi は「出張する」。質問は「田中さん、あなたは…」と相手に呼びかけている。応じる答えの主語は"我"であるはず、"他"ではおかしい。A "不，我这次是带妻子来旅游的" bù, wǒ zhè cì shì dài qīzi lái lǚyóu de が正解。"他" tā が主語のBとCは違う。Dも当然違う。
35	C	Cの máng shénme は「どうぞごゆっくり」と人を引き止めるときに言う言葉。決まり文句、挨拶言葉は覚えておこう。
36	A	甲の言葉から乗車券売り場での対話と推測がつく。切符の販売係の対応としては「いつの切符ですか？」が適当。惑わしとしてCには"天津"Tiānjīn と音が近い"天气"tiānqì が入っている。Dの"颜色"yánsè は「色」で、服などを買うときに店の人が言う言葉。
37	A	A〜Dはみな挨拶の常用語。「ご面倒をおかけしました」には"没事儿"méi shìr「何でもないことです、どういたしまして」で応じる。

No.	設問と選択肢音声	設問と選択肢訳
38	甲：今天会不会下雨？ 乙：A　我每天都听天气预报。 　　B　天气预报说，今天晴。 　　C　我想他会好好干的。 　　D　雨越下越大了。	甲：今日は雨が降るだろうか？ 乙：A　私は毎日天気予報を聞いています。 　　B　天気予報で今日は晴れだと言っていました。 　　C　私は、彼はきちんとやると思います。 　　D　雨はますますひどくなってきた。
39	甲：麻烦你到了北京以后，把这本书交给小王好吗？ 乙：A　没问题，可我怎么跟他联系呢？ 　　B　当然可以，我让他去找你吧。 　　C　好吧，我尽量多跟你联系。 　　D　看你说的，我能骗你吗？	甲：お手数ですが北京に行ったらこの本を王さんに渡してもらえませんか？ 乙：A　かまいません、でもどうやって彼と連絡を取りましょうか？ 　　B　もちろんいいですよ、彼にあなたを訪ねるように言いましょう。 　　C　分かりました、できるだけ多くあなたと連絡を取ります。 　　D　何を言ってるの、あなたをだますはずがないじゃない。
40	甲：你帮了我这么大的忙，真不知怎么感谢你才好。 乙：A　你多心了，他没说你。 　　B　我没事儿，你放心吧。 　　C　到时我一定好好报答你。 　　D　看你，把话说到哪儿去了。	甲：大変なお力添えをいただいて、何とお礼を言ったらよいか分かりません。 乙：A　勘ぐりですよ、彼はあなたのことを言っているのではありません。 　　B　私はだいじょうぶです、安心してください。 　　C　いつか必ずご恩に報います。 　　D　あなたったら、何をおっしゃいますやら。

解答と解説		
38	B	甲やCの"会"は「だろう、はずだ」など推量を表す。「これから雨が降るだろうか」と尋ねているのに、Dだとすでに降り出してしまっている。AB"天气预报"tiānqì yùbào「天気予報」。B"晴"qíng「晴れ」。
39	A	甲の返事として、どの選択肢の始めの一言も言えそうである。問題はそれに続く言葉で、Bは甲が言うべきこと。Cの"联系"liánxì に惑わされないよう。
40	D	甲に対しては、Dの"看你"kàn nǐ（あなたったら、まったく）と応じて、「何をおっしゃいますやら」と打ち消す。Cの「いつか必ずご恩に報います」は甲が言うべき言葉。

No.	設問と選択肢音声	設問と選択肢訳
41	甲：昨天天气预报说，今天傍晚有雨。 乙：是吗？不过现在天气可挺好的。 甲：A　大夫说让我少吃大鱼大肉。 　　B　咱们还是带上雨伞吧。 　　C　我不太喜欢他那样的人。 　　D　那咱们就要这套吧。	甲：昨日、天気予報で今日の夕方に雨が降ると言っていた。 乙：そう？でも今はすごく天気がいいけど。 甲：A　お医者さんが私にごちそうをあまり食べないようにって。 　　B　やはり傘を持っていこうよ。 　　C　私、彼みたいな人はあまり好きじゃない。 　　D　じゃあ、私たちにこのセットをください。
42	甲：师傅，我的表突然不走了。 乙：嗯，该换电池了。 甲：A　那我们打的去吧。 　　B　在哪儿换车？ 　　C　那就麻烦您给换一下吧。 　　D　这次应该好好准备一下。	甲：すみません、腕時計が急に動かなくなっちゃったんだけど。 乙：うん、電池を換えなくては。 甲：A　じゃあ、私たちタクシーで行きましょう。 　　B　どこで乗り換えますか？ 　　C　それではすみませんがちょっと換えてください。 　　D　今度はしっかり準備しなくては。
43	甲：你的行李一共几件？ 乙：三件，都在这儿呢。 甲：A　这三件衣服都一样吗？ 　　B　这样做行吗？ 　　C　你把那件事说一下。 　　D　请把这个皮箱打开。	甲：あなたの荷物は全部でいくつですか？ 乙：3つです、みんなここにありますよ。 甲：A　この服は3着ともみな同じですか？ 　　B　このようにしていいですか？ 　　C　君、あのことをちょっと話しなさい。 　　D　このスーツケースを開けてください。

解答と解説		
41	B	甲、乙の対話から、今はよく晴れているが、夕方には雨の降ることが分かる。そうなると次の甲のせりふはB。Aの"大鱼"dàyú は近い音の惑わし。
42	C	時計屋とお客の対話と考えられる。"表"biǎo には「図表、計器、時計」などの意味があるが、"走"zǒu「動く」や"电池"diànchí から甲の「腕時計」を指すことが分かる。Aの"打的"dǎdī は「タクシーに乗る」、時計のカチカチいう音は中国語では"滴答"dīdā。乙の"该"gāi が耳に残って、Dの"应该"yīnggāi を選んでしまわないように。
43	D	甲乙の対話から税関などの荷物検査の場面が浮かんでくる。"行李"は"件"で数えるが、Aは同じ"件"で数える"衣服"「服」、Cは"事"「事柄」になっている。Bの"行"は「よろしい」の意。

No.	設問と選択肢音声	設問と選択肢訳
44	甲：这个星期六我们去唱卡拉OK，怎么样？ 乙：好啊，叫上小张他们一块儿去。 甲：A　那我们点什么歌？ 　　B　那你去哪儿？ 　　C　那就这样说定了。 　　D　你唱了几首歌？	甲：今度の土曜日、カラオケに行くのはどう？ 乙：いいよ、張君たちに声をかけて一緒に行こう。 甲：A　じゃあ、どの歌を選ぶ？ 　　B　じゃあ、君はどこへ行く？ 　　C　じゃあ、そうすることにしよう。 　　D　君は何曲歌ったの？
45	甲：师傅，去虹桥机场。 乙：今天这条路可堵车啊。 甲：A　那得要多长时间？ 　　B　祝你一路平安。 　　C　我一个人能去。 　　D　我帮你拿行李。	甲：運転手さん、虹橋空港に行ってください。 乙：今日、この道はひどく混んでいるなぁ。 甲：A　それではどれくらい時間がかかりますか？ 　　B　道中ご無事で。 　　C　1人で行けます。 　　D　荷物をお待ちしましょう。
46	甲：哎，昨天北京队和上海队的足球比赛3比0，北京队赢了。 乙：怎么，上海队又输给北京队了？ 甲：A　这次我想在那儿多呆几天。 　　B　北京队现在可厉害了。 　　C　上海队又胜了！ 　　D　比赛三点开始，你可别晚了。	甲：ああ、昨日の北京チーム対上海チームのサッカーの試合は3対0で北京が勝ったよ。 乙：なんだって、上海がまた北京に負けたって？ 甲：A　今回、私はあそこに何日か多めに滞在したい。 　　B　北京チームは今すごいよね。 　　C　上海チームはまた勝った！ 　　D　試合は3時に始まる、君、遅れるなよ。

解答と解説		
44	C	甲が乙をカラオケに誘い、乙が張さんたちを誘って一緒に行こうと言っている。行くのは今度の土曜日でまだ先であるから、Aの「どの歌を選ぶ」は気が早い。Dはカラオケから帰った後でのせりふ。"说定"は「話を決める」の意。
45	A	運転手とお客の対話。"堵车"「渋滞する」が分かればできる。Bは人を遠方への旅に送り出すときの言葉。
46	B	スポーツの勝ち負けの表現。"赢" yíng「勝つ」。"X 输给 Y" X shūgěi Y「XがYに負ける」。"胜" shèng「勝つ」。甲と乙の会話が理解できても、Bの"可厉害了" kě lìhai le「とてもすごい」が分からないと、自信を持って正解を選べない。A "多呆几天" duō dāi jǐ tiān は「何日か余分に滞在する」。

No.	設問と選択肢音声	設問と選択肢訳
47	甲：这首歌儿真好听。 乙：这是现在最流行的。 甲：A 我没时间去。 　　B 是啊，今天真热啊。 　　C 可以借我听听吗？ 　　D 他现在最忙。	甲：この歌はほんとにきれいですね。 乙：これは今一番はやっているのです。 甲：A 行く時間がありません。 　　B そうですね、今日は本当に暑いわ。 　　C 貸していただけませんか？ 　　D 彼は今一番忙しい。
48	甲：我想要一个单人房间。 乙：非常抱歉，先生。单人房已经满了。 甲：A 有没有双人房？ 　　B 您打算住几天？ 　　C 请把房间钥匙给我。 　　D 好吧，一天多少钱？	甲：シングルを１部屋お願いします。 乙：大変申し訳ありません。シングルはもう満室になりました。 甲：A ツインはありますか？ 　　B 何日お泊りですか？ 　　C 部屋のキーをください。 　　D 分かりました、１日いくらですか？
49	甲：除了广东话，我还会说上海话。 乙：你会说四川话吗？ 甲：A 会，我从小就说广东话。 　　B 我只会说一点儿英语。 　　C 没问题，我是上海人。 　　D 我一句都不会说。	甲：私は広東語のほか、上海語も話せます。 乙：四川語は話せますか？ 甲：A 話せます、小さい時から広東語を話していますから。 　　B 私は英語を少しだけしか話せません。 　　C だいじょうぶ、私は上海人ですから。 　　D 私は一言も話せません。
50	甲：这菜怎么这么咸哪？ 乙：对不起，我把盐当成糖放进去了。 甲：A 你太不懂事了。 　　B 怪不得这么甜。 　　C 太可惜了。 　　D 哎哟我的天！	甲：この料理、どうしてこんなに塩辛いの？ 乙：ごめんなさい、塩を砂糖と思って入れてしまったの。 甲：A 君は何て聞き分けがないんだ。 　　B どうりでこんなに甘いわけだ。 　　C 残念だなぁ。 　　D ああ、何ということだ！

解答と解説		
47	C	甲の"这首歌"zhè shǒu gē は「この歌」。普段から名詞と量詞はセットで覚えておくとよい。コンサートにでも誘われたのだと早とちりすると、Aを選ぶ事になる。C"可以借我听听吗"kěyǐ jiè wǒ tīngting ma「借りて聞いてもいいですか→貸していただけませんか」。
48	A	ホテルで部屋を申し込む甲とフロントの乙との会話。選択肢はいずれもフロントで話されるせりふだが、乙に続く甲の言葉としてはAしかない。"单人房"dānrénfáng はシングルルーム、"双人房"shuāngrénfáng はツインルーム。Bはフロント側のせりふ、CDは話が先へ飛んでいる。
49	D	話題の中心は四川語。この四川語に関して"会说…吗"と聞かれ、"会"か"不会"と予想していると、Aですぐさま"会"と出てくるので、それを選んでしまいがち。しかし落ち着いて最後まで聞くと、"从小就说广东话"で、話せるのは広東語。"没问题"のCも最後に上海人だと言っている。結局Dの"一句都不会说"が正解。この問題は最後に決め手がある。落ち着いて最後まで聞くことが大切。
50	D	"怎么这么咸"は「どうしてこんなに塩辛いのか」。"把盐当成糖"は「塩を砂糖と見なす」。Aの"不懂事"は「物が分からない、聞き分けがない」という意味で、単なるミスに対しては使わない。Bは正反対。乙の言葉に対する率直な反応は、やはりDの"Oh, my God!"。驚きや嘆きなどの決まり文句も覚えておこう。

【第4部】会話散文問題

No.	音声と設問	訳
51〜52	男：请问你们这个饭店可以换美元吗？ 女：可以，请填一下这张单子。 男：这儿填什么？ 女：您的房间号码。 男：今天美元的汇率是多少？ 女：1美元换8块4。您换多少？ 男：我换100美元。 女：给您840元，请数一下。	男：お尋ねします、こちらのホテルではドルを換えられますか？ 女：できます、この書類に書きこんでください。 男：ここには何を書くのですか？ 女：あなたのルームナンバーです。 男：今日のドルのレートはいくらですか？ 女：1ドルは8元4角です、いくら換えますか？ 男：100ドル換えます。 女：840元です、数えてください。
51	这位顾客现在在哪儿？ A 在银行。 B 在机场。 C 在饭店。 D 在百货商店兑换处。	このお客は今どこにいますか？ A 銀行にいる。 B 空港にいる。 C ホテルにいる。 D デパートの両替所にいる。
52	今天1美元可以换人民币多少？ A 840元。 B 80元4角。 C 100元。 D 8元4角。	今日は1ドルが人民元でいくらに換えられますか？ A 840元。 B 80元4角。 C 100元。 D 8元4角。

解答と解説		
51	C	人民元へは銀行や空港、ホテル、デパートなどで換金できる。ここは"你们这个饭店"nǐmen zhège fàndiàn とあるのでCが正解。"填单子"tián dānzi「書類に書きこむ」、"顾客"gùkè「顧客」、D"兑换处"duìhuànchù「両替所」。
52	D	"汇率"huìlǜ は「為替レート」のこと。この数値は基本的に毎日変わる。この日は"1美元换8块4（毛）"1 měiyuán huàn 8 kuài 4（máo）「1ドルは8元4角」。"8块4（毛）"の最後の単位"毛"は言わないことが多い。

No.	音声と設問	訳
53〜54	男：您好！小姐，请问，刘大夫在吗？ 女：刘大夫？您打错了吧。 男：请问，您是哪儿？ 女：我们这儿是民航售票处。 男：噢，对不起。 女：没关系。	男：こんにちは、劉先生はいらっしゃいますか？ 女：劉先生？おかけ間違いでしょう。 男：そちらはどこでしょう？ 女：こちらは民航のチケット売り場です。 男：ああ、すみません。 女：どういたしまして。
53	男的要找的人的职业是什么？ A　空姐。 B　司机。 C　医生。 D　售票员。	男性が電話しようとした相手の職業は何ですか？ A　客室乗務員。 B　運転手。 C　医者。 D　チケット販売員。
54	电话打到哪儿了？ A　百货公司。 B　航空公司。 C　电脑公司。 D　贸易公司。	電話はどこにかかったのですか？ A　デパート。 B　航空会社。 C　コンピュータ会社。 D　貿易会社。

解答と解説		
53	C	選択肢に職業が並んでいる。これをあらかじめ音でイメージしておく。会話は電話の応答。"刘大夫在吗？"の"大夫"dàifu から、すぐに医者だと分かる。"大夫"は一般に話し言葉で多く用いられる。
54	B	選択肢には業種の違う会社が並んでいる。やはり選択肢を"百货公司"bǎihuò gōngsī、"航空"hángkōng、"电脑"diànnǎo、"贸易"màoyì と音でイメージしておくと、"民航售票处"で"航空公司"が正解と分かる。"民航"mínháng は"民用航空"mínyòng hángkōng「民間航空」の略、"售票处"shòupiàochù は「チケット売り場」。

No.	音声と設問	訳
55 ~ 56	女：你的病快好了吧？ 男：差不多了，后天出院。 女：晶晶今天值班，这是她送给你的鲜花。 男：你代我好好谢谢她。	女：もうすぐ快復されるでしょう？ 男：だいたいよくなりました、あさって退院します。 女：晶晶は今日当直なの、これは彼女からのお花です。 男：あなたから、くれぐれもお礼を言っておいてください。
55	他们在什么地方谈话？ A　家里。 B　值班室。 C　宿舍。 D　病房。	彼らはどこで話をしていますか？ A　家の中。 B　当直室。 C　寮。 D　病室。
56	男的为什么要谢谢晶晶？ A　因为送给他花了。 B　因为给他治病了。 C　因为来看过他了。 D　因为送给他画了。	男性はなぜ晶晶に感謝するのですか？ A　彼に花をくれたから。 B　彼の病気を治したから。 C　彼の見舞いに来たから。 D　彼に絵をプレゼントしたから。

解答と解説		
55	D	"病"、"出院"「退院する」から対話の場面が病院であることが分かる。
56	A	"这是她送给你的鲜花"を聞き取る。"鲜花"は「生花」、Dの"画"と聞き間違えないように。

No.	音声と設問	訳
57 ～ 58	男：你的铺位是几号？ 女：23号下铺。 男：在这儿呢。要不要把东西放到行李架上？ 女：不用了，推到铺底下就行了。 男：路上可要多加小心啊。 女：知道了，你快回去吧。	男：あなたの寝台は何号ですか？ 女：23号下段寝台です。 男：ここですよ。荷物を荷物棚に上げましょうか？ 女：いいえ、寝台の下に入れればそれでいいです。 男：道中よく気をつけて。 女：分かりました、早くお戻りなさい。
57	他们在哪儿谈话？ A　火车上。 B　旅馆里。 C　电影院里。 D　行李存放处。	彼らはどこで話をしているのですか？ A　汽車の中で。 B　旅館で。 C　映画館で。 D　荷物預かり所で。
58	男的是来干什么的？ A　旅行的。 B　送行的。 C　取行李的。 D　查票的。	男性は何をしに来たのですか？ A　旅行に。 B　見送りに。 C　荷物を取りに。 D　検札に。

解答と解説		
57	A	"铺" pù には「商店」と「寝台」の 2 つの意味があるが、"23 号下铺"で見当がつき、更に"行李架上" xínglijià shang「荷物棚」からも列車内での会話と分かるので、正解はAと決まる。
58	B	男性の"路上…小心"「道中気をつけて」や、それに対する女性の"快回去"「早く戻るよう→早く列車から降りるように」などから、男性が女性を見送りに来ていることが分かり、B"送行" sòngxíng「見送る」とたやすく分かる。

No.	音声と設問	訳
59〜60	男：喂，小王，我是张威。 女：喂，你在哪儿？我们都吃上了。 男：我还在路上呢。车堵得厉害，根本动不了。 女：那你不早点儿出来！再不来我们可就走了。 男：我再过十分钟也就到了。 女：好，好。大家都等着你呢。注意安全！	男：もしもし、王さん、張威です。 女：もしもし、あなた、どこにいるの？私たちはもう食べ始めたわよ。 男：まだ道の途中なんだ。渋滞がひどくて、まるで動けないんだ。 女：だったら早めに出て来なくちゃ！このまま来ないと、私たち帰るわよ。 男：あと10分で到着するよ。 女：分かったわ。みんな、待っているから。気をつけてね！
59	女士现在在哪儿？ A 饭馆儿。 B 车上。 C 路上。 D 车站。	女性は今、どこにいますか？ A レストラン。 B 車中。 C 路上（向かう途中）。 D 駅。
60	男士正在做什么？ A 等人。 B 开车。 C 吃饭。 D 出差。	男性は今、何をしていますか？ A 人を待っている。 B 車を運転している。 C 食事をしている。 D 出張をしている。

解答と解説		
59	A	女性がどこにいるかを示す語句は"吃上"「食べ始める」だけ。"我们都吃上了"「私たちはもう食べ始めた」を聞き逃すとAが選択できない。
60	B	男性の"车堵得厉害，根本动不了"「渋滞がひどくて、まるで動かない」、それに女性の"注意安全"「安全に気をつけて」から男性が車を運転していることが推測できる。ＡＣは女性の行為。

No.	音声と設問	訳
61 ～ 62	我给您讲个笑话。一个人说他画了一张画儿，请朋友来看。朋友到了他家，看见墙上挂着画框，画框里是一张白纸。朋友就指着白纸问他："你画的是什么啊？"他说："我画的是牛吃草。"朋友又问他："草在哪儿？"他说："草让牛吃了。""那牛呢？""草没了，牛还能在这儿吗？"	笑い話を１つしてあげましょう。ある人が絵を１枚描いたと言って、見てもらおうと友人を招待しました。友人が彼の家に行くと、壁に額縁が掛かっていて、額縁の中は１枚の白紙でした。友人はその白紙を指して彼に尋ねました。「君の描いたのは何だい？」彼は言いました。「僕が描いたのは牛が草を食べているところだ。」友人が「草はどこにあるの？」とまた尋ねると、彼は言いました。「草は牛に食べられた。」「では牛は？」「草がなくなったのに、牛がまだそこにいるかい？」
61	朋友看到墙上有什么？ 　A　什么也没有。 　B　镜子。 　C　挂钟。 　D　画框。	友人は壁に何があるのを見ましたか？ 　A　何もない。 　B　鏡。 　C　掛け時計。 　D　額縁。
62	这是一张什么画儿？ 　A　一张白纸。 　B　牛在吃草。 　C　有牛没有草。 　D　有草没有牛。	これはどんな絵ですか？ 　A　１枚の白紙。 　B　牛が草を食べている。 　C　牛がいて草がない。 　D　草があって牛がいない。

解答と解説		
61	D	正解の"画框"「額縁」という単語を知らなくても、話が絵に関することと分かればDを選ぶことができる。
62	A	正解の"一张白纸"「1枚の白紙」が選べれば、この笑い話が分かったことになる。実際には何も描かれていないのでBとは言えない。

No.	音声と設問	訳
63〜65	我是王敬，现在有事外出，有事请留言。 （嘀…） 喂，王敬，你好。我是田中一夫。上个星期二出差到上海，现在我住在和平饭店。这次我带来了你最喜欢的日本点心。要是你方便的话，明天能不能给我回个电话。我的房间号码是826号。电话是65703970。我等着你的电话。谢谢。	私は王敬です。ただいま外出しておりますので、ご用のかたは、用件をお話しください。（ピー） もしもし、王敬さん、こんにちは。田中一夫です。先週の火曜日に出張で上海に来て、今は和平飯店に泊まっています。あなたの大好きな日本のお菓子を持ってきました。もし都合がついたら、明日、私に電話をくれませんか。私の部屋番号は826室、電話番号は65703970です。お電話を待っています。ありがとう。
63	田中一夫是什么时候到上海的？ A 昨天晚上。 B 上个星期天。 C 上个星期二。 D 上个月二号。	田中一夫さんはいつ上海に来ましたか？ A 昨晩。 B 先週の日曜日。 C 先週の火曜日。 D 先月の2日。
64	田中给王敬带来了什么东西？ A 录音带。 B 录相机。 C 化妆品。 D 食品。	田中さんは王敬さんに何を持って来ましたか？ A テープ。 B ビデオ。 C 化粧品。 D 食品。
65	田中希望王敬做什么？ A 明天来见他。 B 带他去游览。 C 给他打电话。 D 在家等他。	田中さんは王敬さんがどうすることを望んでいますか？ A 明日会いにくる。 B 彼を連れて観光に行く。 C 彼に電話をする。 D 家で彼を待つ。

解答と解説		
63	C	留守番電話の伝言。"留言"liúyán の"留"は「残しておく」の意。伝言では、いつ、どこで、何を、どうするかが伝達の主眼であるから、その点を注意して聞き取る。伝言の中で、Aの"昨天晚上"とは一度も言っていない。残るのはＢＣＤだが、"上个"の後が週なのか月なのか、また日曜か火曜か、これも最初に選択肢を音声でイメージしておく。
64	D	音声では"你最喜欢的日本点心"「あなたの大好きな日本のお菓子」と言っていた。"点心"diǎnxīn がキーワード。Dの食品が正解。
65	C	"给我回个电话"の"回电话"は「電話を返す」。"打电话"ではなく"回"と言っているので少し迷うかもしれないが、"给我"gěi wǒ と"电话"diànhuà をしっかり聞き取れば、間違えることはない。

No.	音声と設問	訳
66〜67	本台消息：6月9日，在重庆举行的第六届亚洲女子手球锦标赛决赛中中国女子手球队以27：34输给韩国队，获得本届比赛的亚军。 　　据中国队主教练王耀庭介绍，韩国女子手球队是亚洲实力最强的队，在以往两队的比赛中，中国队与韩国队得分的差距一般都在10分以上。	本放送局ニュース：6月9日、重慶で行われた第6回アジア女子ハンドボール選手権大会の決勝戦において、中国女子ハンドボールチームは27対34で韓国に敗れましたが、今期の試合で準優勝を獲得しました。 　　中国チームのヘッドコーチである王耀庭は、韓国女子ハンドボールチームはアジアで最も実力があり、これまでの試合で、中国チームと韓国チームの得点差はだいたい10点以上あったと言っています。
66	这条消息说的是什么比赛？ 　A　水球比赛。 　B　手球比赛。 　C　排球比赛。 　D　垒球比赛。	このニュースが伝えているのは、何の試合ですか？ 　A　水球の試合。 　B　ハンドボールの試合。 　C　バレーボールの試合。 　D　ソフトボールの試合。
67	哪个队获得了冠军？ 　A　重庆队。 　B　中国队。 　C　韩国队。 　D　泰国队。	どのチームが優勝しましたか？ 　A　重慶チーム。 　B　中国チーム。 　C　韓国チーム。 　D　タイチーム。

		解答と解説
66	B	選択肢の発音に注意。Aの shuǐqiú とBの shǒuqiú、これらがはっきり区別できていないといけない。"手"は shǒu、"水"の shuǐ は u と i の間に e が響く音。日ごろから発音をしっかりマスターしておくことが肝要。発音があやふやではこの問題は解けない。
67	C	ニュースの中で流れた地名や国名には"重庆"Chóngqìng、"中国"Zhōngguó、"韩国"Hánguó があったが、"泰国"Tàiguó とは一度も言っていない。また重慶は"在重庆举行"で開催場所。ニュース中の"中国女子手球队以 27：34 输给韩国队"「中国女子ハンドボールチームは 27 対 34 で韓国チームに敗れた」、ここがポイント。「負ける」は"输"shū、勝つは"赢"yíng。"输给…"で「…に負ける」。

No.	音声と設問	訳
68 ~ 70	我说一下今天晚上和明天的安排。今天晚上的宴会在饭店一楼的大餐厅，7点开始。请各位6点50分准时到前厅集合。 　　明天我们去长城和十三陵，8点出发，7点45分在前厅集合。在那以前请大家结束早餐。早餐也在一楼的大餐厅，是自助餐。 　　有什么问题吗？没有？ 　　好，那么下面我就说一下房间号码，叫到名字的人请到前面来拿钥匙。拿到钥匙以后就可以解散了。	今晩と明日の予定をお伝えいたします。今晩のパーティーはホテル1階の大レストランで、7時開始です。皆様、6時50分かっきりにロビーへお集まりください。 　　明日は万里の長城と十三陵に行きます。8時出発で7時45分にロビー集合です。それ以前に朝食を済ませてください。朝食も1階の大レストランで、バイキングです。 　　何かご質問はありますか？ありませんか？ 　　はい、それでは、次にルームナンバーを申し上げます。名前を呼ばれた方は前へ出て鍵をお受け取りください。鍵を受け取られたら、解散して結構です。
68	今天晚上有什么活动？ 　A　有一个宴会。 　B　没有任何安排。 　C　去看京剧。 　D　去外边吃风味小吃。	今晩はどんな活動がありますか？ 　A　パーティーがある。 　B　なんの計画もない。 　C　京劇を見に行く。 　D　外へ地方風味の点心を食べに行く。
69	说话人没有提到的是： 　A　明天早上的集合地点。 　B　早饭在哪儿吃。 　C　明天晚上和后天的安排。 　D　宴会开始的时间。	話している人が触れていないのは： 　A　明朝の集合地点。 　B　朝食をどこでとるか。 　C　明日の夜とあさっての計画。 　D　パーティーの開始時間。
70	说话人做什么工作？ 　A　导游 　B　门卫 　C　饭店负责人 　D　宿舍管理员	話している人は何の仕事をしていますか？ 　A　旅行ガイド 　B　門番 　C　ホテルの責任者 　D　寮の管理人

解答と解説		
68～70		話が複雑で、言及されている事柄が多い。こういう問題は始めに設問と選択肢を読んで、ポイントを絞って聞かないと対応しきれない。"安排"ānpái「計画・手配する」。"准时"zhǔnshí「定刻に、時間通りに」。"自助餐"zìzhùcān「バイキング料理」。
68	A	D "风味小吃"fēngwèi xiǎochī「民族色・郷土色のある軽食や点心類」。
69	C	設問の"没有提到的"méiyǒu tídào de は「取り上げていないもの」。音声の始めの部分に"我说一下今天晚上和明天的安排"wǒ shuō yíxià jīntiān wǎnshang hé míngtiān de ānpái「今晩と明日の計画についてちょっと申し上げます」とあり、その後の案内も今晩と明朝の行動に関するものに限られている。
70	A	A "导游"dǎoyóu。B "门卫"ménwèi。C "负责人"fùzérén。D "管理员"guǎnlǐyuán。

【第5部】語順問題

No.	問題文	問題文訳
71	一样： 他　A　买　B　的　C　两件衣服颜色　D。	彼が買った2枚の服は色が同じだ。
72	三岁： A　我妻子　B　比我　C　小　D。	妻は私より3歳若い。
73	不： 她　A　给我　B　写　C　信　D。	彼女は私に手紙をくれない。
74	常： A　他　B　到我家　C　来　D　玩儿。	彼はよく私の家へ遊びにくる。
75	都： 饭　A　要　B　凉了，你　C　吃了饭　D　再写吧。	ご飯が冷えるわよ、食事をしてから書いたら？
76	偏： 这个孩子真不听话，A　让他　B　学习，他　C　要　D　看电视。	この子はほんとに言うことを聞かない、勉強させようとすると、どうしてもテレビを見るのだと言い張る。
77	了： 我问　A　问　B　大家　C　，谁都说　D　不知道。	私は皆にちょっと尋ねてみたが、誰も皆知らないと言った。
78	能： 他可　A　爱面子了，你　B　哪　C　跟他开这样的　D　玩笑呢？	彼はとてもメンツを気にするのに、君は彼をそんなふうにからかっていいのかい？（とてもできないだろう。）
79	得： 他们被　A　感动　B　不知道　C　说　D　什么好。	彼らは感動のあまり何と言ったらよいのか分からなかった。
80	不： A　把课文的意思　B　看　C　懂，就不能　D　把问题回答对。	テキストの意味を読み取らなければ、質問に正しく答えることはできない。

	解答と解説	
71	D	この文は主述述語文。主語は"他买的两件衣服"で「彼が買った2枚の服」、述語は"颜色一样"で「色が同じ」。
72	D	比較の文で、比べた結果の量（差量）は形容詞の後ろに置く。"小三岁"xiǎo sān suì「3歳若い」。
73	A	"给我写信"「私に手紙を書く」こと全体を"不"で否定。否定辞は一般に介詞（前置詞）フレーズの前に置き"不给我写信"「私に手紙をくれない」、同じ使い方に"没跟他打架"「彼とけんかをしなかった」。ただし、述語が形容詞のときは"离我家不远"となる。
74	B	日本語の「よく遊びにくる」からCにしないこと。副詞"常"cháng は介詞（前置詞）句"到我家"dào wǒ jiā の前。
75	A	この"都"は「すでにもう」。"都要凉了"dōu yào liáng le は「冷めそうだ」。この"再"zài は「…してから、その後で」。
76	C	"偏"は「あくまでも、意地を張って」の意の副詞。副詞は述語の前に置く。"偏要看电视"は、"偏"が後ろの"要看电视"（テレビを見たい）全体を修飾し、「どうしてもテレビを見るのだと言い張る」。
77	A	動詞の重ねで「ちょっと…してみた」は、"了"を重ねた動詞の間に入れる。"谁"は疑問の「誰」ではなく、不定の人を指す用法で「どの人もみな…と言う」。この用法では"谁都/也…"の形で用いることが多い。
78	C	"爱面子"は「メンツを気にする」。ここではCを選び"哪能…"で反語文「どうして…できよう、とても…できない」としなければならない。
79	B	ここでは様態補語を導かなければならない。
80	A	まずこの文が何を言わんとしているのか、その文意の見当をつけてから挿入箇所を判断する。"把"構文では否定辞の"不"は"把"の前。"把"は2ヶ所にあるが、文意からA。また"把"構文に可能補語は使えないので、"看不懂"とはならない。この複文の意味関係は"要是"が省かれたもの。

【第6部】補充問題

No.	問題文	問題文訳
81	已经这么晚了，明天（　　）去吧。 A　又 B　再 C　还 D　更	もうこんなに遅いのだから、明日（になってから）行こう。 A　再度 B　…になってそれから C　引き続いてまた D　さらに
82	小王（　　）帽子放在桌子上了。 A　把 B　被 C　让 D　向	王君は帽子をテーブルに置いた。 A　…を～する　（処置） B　…に～される　（受身） C　…を～させる　（使役）、…に～される（受身） D　…に（向かって）
83	小王足球（　　）得很好。 A　打 B　踢 C　做 D　干	小王はサッカーがとてもうまい。 A　打つ、たたく、（球技を）する B　蹴る C　作る D　やる、する
84	他（　　）吃完饭，就出去了。 A　刚 B　从来 C　随时 D　一直	彼は食事をし終わると、すぐさま出かけた。 A　…するや（すぐ～） B　これまでに C　いつでも必要な時に D　ずっと
85	我们只见过一（　　）面。 A　遍 B　次 C　点儿 D　顿	我々は1回だけ会ったことがある。 A　遍 B　回 C　少し D　回

解答と解説		
81	B	この"再"は「…してから、…した上でそれから」。繰り返しの"再"「また」ではない。例えば"他回来再说吧"「彼が帰ってきてからのことにしよう」など。
82	A	B "被"bèi「…によって」。受身を表す。C "让"ràng「…を〜させる」「…に〜される」、使役と受身の両方に使われる。D "向"xiàng「…に向かって」。
83	B	スポーツのうち"棒球"「野球」、"网球"「テニス」、"篮球"「バスケットボール」などの球技を「する」を表す動詞にはいずれも"打"を使う。しかし"足球"「サッカー」だけは例外で"踢"を使う。
84	A	"刚"は"刚…就〜"の呼応で「…するやいなや、すぐさま〜」。B "从来"、C "随时"、D "一直"はいずれも意味をなさない。
85	B	A "遍"biànは「最初から最後までひとわたり」。D "顿"dùnは食事、叱責などの回数を数える。

No.	問題文	問題文訳
86	保护环境（　　）人类的生存来说，是非常重要的。 A　由 B　向 C　对 D　在	環境保護は人類の生存にとって、非常に重要である。 A　…から、…が B　…に、…に向かって C　…に対して D　…で
87	我有点儿发烧，不过不太（　　）。 A　重大 B　深刻 C　重病 D　严重	私は少し熱があるが、ひどくはない。 A　重大である B　深い C　重病 D　深刻である
88	飞机票买不到，我（　　）改变原来的计划。 A　由不得 B　不由得 C　不得不 D　得不到	航空券が買えなかったので、私はもとの計画を変更せざるを得ない。 A　思わず（…する） B　ふと、ひとりでに C　…せざるを得ない D　入手できない
89	这些孩子听故事听得（　　）了迷。 A　着 B　得 C　中 D　犯	この子たちは物語を聞いて、すっかりとりこになった。 A　感じる、影響を受ける B　得る C　当たる D　犯す
90	一个星期的旅行，我（　　）地跑了五个大城市。 A　东张西望 B　山重水复 C　走马观花 D　车水马龙	1週間の旅行で私はあわただしく大都市を5つも駆けまわった。 A　きょろきょろする B　行路が険しい C　大雑把に物事の表面のみを見る D　車の往来が盛んである

		解答と解説
86	C	"对…来说"は「…にとって言うなら、…にとっては」の決まった言い方。「人類の生存にとっては…」。
87	D	D "严重" yánzhòng は「重大である、ひどい、深刻である」。"不太"の後ろは形容詞が来るので"重病" zhòngbìng はだめ。Bの"深刻" shēnkè は「深い」。"内容深刻" nèiróng shēnkè「内容が深い」、"深刻的印象" shēnkè de yìnxiàng「深い印象」など。
88	C	A "由不得" yóubude は動詞、「思い通りにならない、思わず…する」。B "不由得" bùyóude は副詞、「ふと」。D "得不到" débudào は「手に入れることができない」。いずれも紛らわしいので注意。
89	A	"着迷" zháomí「夢中になる、とりこになる」。
90	C	A "东张西望" dōng zhāng xī wàng「きょろきょろする」。B "山重水复" shān chóng shuǐ fù「行路が険しい」。C "走马观花" zǒu mǎ guān huā「馬を走らせながら花を見る、大雑把に物事の表面のみを見る」。D "车水马龙" chē shuǐ mǎ lóng「車の往来が盛んなさま」。

No.	問題文	問題文訳
91	他昏迷了三天三夜才醒（　　）。 A　过来 B　起来 C　上来 D　出来	彼は意識を失い3日3晩でやっと意識が戻った。 A　こちらへやって来る B　起き上がる C　上がってくる D　出てくる
92	我国去年的经济（　　）率是百分之三。 A　达成 B　成长 C　增加 D　增长	我が国の昨年の経済成長率は3パーセントだ。 A　成立する、まとまる B　成長して大きくなること、育つこと C　増加する、増える D　増大する、高まる

解答と解説		
91	A	方向補語の派生義の問題。ここでは「意識が戻る」となればよいので、Aを選び"醒过来"とする。反対に「気を失う」なら"昏过去"。方向補語の派生的用法は移動のイメージをつかみ、代表的な用例と一緒に覚えておくこと。これらの用法を理解できるかどうかが、中級から上級への鍵となる。
92	D	類義語の弁別問題。日本語と異なり、中国語での「経済成長率」は"经济增长率"という。正解はD。中国語の"成长"は「成長して大きくなること、育つこと」を表す。

No.	問題文	問題文訳
93～96	现在，独生子女的家长们望子成龙心切。为了让孩子进入好学校而绞尽脑汁，不惜代价，这些（ 93 ）可以理解。但是，遵循儿童的成长规律，发展孩子自身潜力，从小（ 94 ）阅读兴趣，引导他们独立地、自觉地学习，（ 95 ）他们感到读书有趣，体验到学习的乐趣，这在某种意义上（ 96 ）一所好学校和一个高明的老师。	今、一人っ子の保護者たちは子供が長じて出世することを切に願っている。子供をよい学校に入れるために知恵を絞り、代価をいとわない。これらのことはもちろん理解できる。しかし子供の成長法則に従い、子供自身の潜在力を伸ばし、小さい頃から本を読む楽しみを育て、子供たちが1人で進んで勉強するように導き、子供たちに読書の楽しさを味わわせ、勉強の喜びを体験させることは、ある意味において、よい学校と優れた教師にも勝る。
93	A 当然 B 因为 C 原来 D 不太	A 当然だ、当たり前だ B …なので、…のために C もとは、以前は D あまり…でない
94	A 培育 B 养育 C 培养 D 素养	A （小さい生物や人を）育てる、育成する B 養育する C （ある目的に照らして）教育、養育する D 素養
95	A 为 B 与 C 对 D 使	A …のために B …と C …に対して D …に（～させる）
96	A 不如 B 胜过 C 相比 D 不及	A …に及ばない B …に勝る C …両方に比べる、比較する D …に及ばない

解答と解説		
93	A	「一人っ子の保護者たちは子供が長じて出世することを切に願っている。子供をよい学校に入れるために知恵を絞り、代価をいとわない。これらのことは」に続くのは"当然可以理解"「もちろん理解できる」。
94	C	A"培育"は「(小さな生物や人を) 育てる、育成する」、B"养育"は「養育する」、C"培养"は「(ある目的に照らして) 教育、養成する」、D"素养"は「素養」。
95	D	ここには使役を表す語が入る。Dしかない。使役文であると正しく理解できるかどうかが、初級と中級を分ける目安となっている。
96	B	文意から「よい学校、優れた教師より勝る」となるはず。それにはBの"胜过"を選ぶ。"X 胜过 Y"「XはYに勝る」。似たような意味を表す文を作るA"不如"は"X 不如 Y"の形で「XはYに及ばない」。

No.	問題文	問題文訳
97〜100	<栏目介绍> 　　汉字是世界上最古老、使用人数最多的一种象形文字。许多汉字（ 97 ）就像是一幅幅美丽的图画，它们组成了一个神奇的王国，一横一竖一撇一捺就构成了这个王国中的人与物、形与色。 　　《语林趣话》栏目（ 98 ）生动多样的形式带您走进汉字的王国，（ 99 ）您了解汉字的起源、（ 100 ）和发展，领略汉字丰富的历史内涵，增进对中国古典文化的认识和了解。 　　《语林趣话》栏目每期时长5分钟，每周一至周六 10:55 与您见面。	<番組紹介> 　　漢字は世界最古で、使用人口が最も多い象形文字の一種です。多くの漢字は見てみると、どれもこれもまるで一幅の美しい絵のようです。漢字は神秘的な王国を形作っており、横、縦、左払い、右払いの一画一画がこの王国の人や物、形や色合いを構成しています。 　　番組《語林趣話》は生き生きとした多様な方法であなたを漢字の王国へいざない、漢字の起源、変遷と発展を紹介し、漢字の内包する豊かな歴史を味わい、(あなたの) 中国古典文化に対する認識と理解を深めます。 　　番組《語林趣話》は毎回5分間、月曜から土曜の 10:55 にあなたにお目にかかります。
97	A　念起来 B　画起来 C　看起来 D　听起来	A　読んでみる B　描いてみる C　見てみる D　聞いてみる
98	A　以 B　从 C　跟 D　被	A　…をもって、…で B　…から C　…と D　…に（〜される）
99	A　给 B　让 C　对 D　把	A　…に B　…に（〜せしめる、させる） C　…に D　…を
100	A　改正 B　变动 C　进行 D　演变	A　（誤りを）正す B　変更する、変動 C　進行する、行う D　変化を遂げる、変遷

		解答と解説
97 〜 100		テレビ番組の紹介記事である。"栏目" lánmù「コラム、囲み記事、番組」。"象形文字" xiàngxíng wénzì「象形文字」。"横，竖，撇，捺" héng、shù、piě、nà いずれも漢字の筆順で順に「横、縦、左払い、右払い」。"构成" gòuchéng「構成する、組み立てる」。"领略" lǐnglüè「会得する、理解する」。
97	C	Cこの"起来"は「してみる」。「見てみるとまるでどれも一幅の美しい絵のようだ」。
98	A	"以（生动多样的）形式" yǐ（…）xíngshì「生き生きとした多様な方法で」。介詞（前置詞）句。
99	B	意味から言ってここは"让" ràng「…に〜せしめる、させる」。
100	D	"演变" yǎnbiàn は「長い時間をかけて変化を遂げる」。"变动" biàndòng は「予定の時間や計画を変更する」。ここでは「あなたに漢字の起源、変遷、発展を理解させる」。

【第7部】語釈問題

No.	問題文	問題文訳
101	对不起，今天我没空儿。 A 没事儿 B 没房间 C 没兴趣 D 没时间	すみません、今日は暇がないのです。 A 用がない、たいしたことでない B 部屋がない C おもしろみがない D 時間がない
102	我去买门票，你在这儿等着。 A 乘车证 B 入场券 C 优待券 D 通行证	私が入場券を買いに行くから、あなたはここで待っていて。 A 乗車証 B 入場券 C 優待券 D 通行証
103	孩子们穿着非常好看的衣服。 A 漂亮 B 干净 C 好穿 D 喜欢	子供たちはとてもきれいな服を着ている。 A きれいだ B 清潔だ C 着やすい D 好む、好きだ
104	孙子非常尊敬爷爷。 A 儿子的儿子 B 儿子的女儿 C 女儿的儿子 D 女儿的女儿	孫は非常におじいちゃんを敬っている。 A 息子の息子 B 息子の娘 C 娘の息子 D 娘の娘
105	他又火了，真没办法。 A 发烧 B 生病 C 生气 D 点火	彼はまたかっとなった、全く処置なしだ。 A 熱が出る B 病気になる C 怒る D 点火する

解答と解説		
101	D	"空儿"kòngr は「空いた時間→暇」。"有空儿吗""暇がありますか"、"有空儿"「暇がある」、"没(有)空儿"「暇がない」は常用の言い方で、D"没(有)时间"méi(yǒu) shíjiān「時間がない」が正解。A"没事儿"méi shìr、B"没房间"méi fángjiān、"没兴趣"méi xìngqù はいずれも違う。
102	B	"门票"は公園や博物館などのチケット、入場券。
103	A	同じ「きれい」でも、「見た目のきれいさ、格好のよさ」はAの"漂亮"piàoliang、「汚れていない清潔なきれいさ」はBの"干净"gānjing。"好看"hǎokàn は"漂亮"の方で、Aが正解。C"好穿"hǎochuān の"好"は動詞の前に置き、その動作が容易であることを表す。
104	A	"尊敬"zūnjìng「尊敬する、敬う」。"爷爷"yéye は父方の祖父。Bは"孙女"sūnnǚ と言い、Cは"外孙子"wàisūnzi、Dは"外孙女"wàisūnnǚ。
105	C	"火"huǒ は「怒る、かんしゃくを起こす」。"办法"bànfǎ は「手段、方法」。

No.	問題文	問題文訳
106	一般美国人<u>不清楚</u>东方食品的成分和营养。 A 看不见 B 不了解 C 吃不惯 D 不注意	一般的にアメリカ人は東洋の食品の成分と栄養について分かっていない。 A 見えない B 分からない、知らない C 食べ慣れない、食べつけない D 注意しない
107	很多人说话三句话不离<u>钞票</u>，以收入多作为自己的骄傲。 A 戏票 B 粮票 C 钱 D 入场券	多くの人は口を開けばすぐお金のことになり、収入の多さを自分の誇りとしている。 A 芝居の入場券 B 食料切符 C 金銭 D 入場券
108	咱们今天<u>ＡＡ制</u>吧。 A 招待客人 B 互相帮助 C 各付各的 D 举行宴会	私たち、今日は割り勘にしましょう。 A お客をもてなす B 互いに助け合う C それぞれ自分の分を払う D 宴会を開く
109	她的话让人<u>摸不着头脑</u>。 A 生气 B 为难 C 不舒服 D 不明白	彼女の話はさっぱり訳が分からない。 A 腹を立てる B 困る、困らせる C 気分が悪い D 分からない
110	他说<u>不定</u>不来了。 A 决定 B 肯定 C 应该 D 可能	彼は来なくなったのかもしれない。 A 決める、決定する B 必ず、間違いなく C …のはずだ D …かもしれない

		解答と解説
106	B	"清楚"は形容詞では「はっきりしている、明晰である」、動詞では「了解している、分かっている」。ここでは動詞。"不了解"bù liǎojiě のBが正解。
107	C	"说话三句话不离…"は「二言三言話をするともう…から離れない→口を開ければすぐ…の話になる」、"以…作为〜"「…を〜と見なす」。"骄傲"jiāo'ào「誇り」。"钞票"chāopiào は「紙幣」。Cの"钱"が正解。B"粮票"はかつての「食糧配給切符」だが、現在は廃止されている。
108	C	"ＡＡ制"は「割り勘」のこと。「割り勘」に相当する語はC"各付各的"「それぞれ自分の分を払う」。最近は"卡拉OK"「カラオケ」、"T恤衫"「Tシャツ」などアルファベットを含む中国語も市民権を得て、次第に使われるようになってきた。
109	D	"摸不着"は「手探りしてもつかめない」、"摸不着头脑"は「何がなんだか分からない、訳が分からない」の意を表す慣用句。D"不明白"が正解。A"生气"「怒る」、B"为难"「困る、困らせる」、C"不舒服"「気分が悪い」。
110	D	"说不定"は「はっきりと言えない」から転じて「…かもしれない」。正解はD"可能"。

No.	問題文	問題文訳
111	你说什么他也<u>不在乎</u>。 A 不满意 B 不以为然 C 精力不集中 D 不往心里去	君が何を言っても彼は平気だ。 A 不満である B そうとは思わない C 気力が集中しない D 気にかけない
112	有什么事儿，您就<u>直说</u>吧。 A 接着说 B 大声地说 C 直截了当地说 D 一直不停地说	何かあるなら、遠慮なく言ってください。 A 続けて言う B 大声で言う C 単刀直入に言う D 際限なく言い続ける
113	他没什么学问，可是老<u>摆架子</u>。 A 自视清高 B 向上爬 C 跟人吵架 D 捉弄别人	彼はたいした知識もないのに、いつも偉そうにしている。 A お高くとまる B 立身出世しようとする、のし上がろうとする C 人とけんかする D 人をからかう
114	小刘自以为了不起，老师一表扬，他就<u>翘尾巴</u>。 A 伸大拇指 B 摇头 C 脸红 D 骄傲	劉君は自分だけがすごいと思っていて、先生が褒めるとすぐいばる。 A （親指を立てて）称賛する B 首を横に振る C 顔を赤らめる D おごり高ぶる
115	听说您得了一大笔<u>外快</u>，邻居也跟着沾光了。 A 国外汇款 B 外币收入 C 工资收入 D 额外收入	あなたは大変な臨時収入を得て、近所の人もその恩恵にあずかったそうですね。 A 国外送金 B 外貨収入 C 給料収入 D 正規の定額収入以外の収入

		解答と解説
111	D	"不在乎"búzàihu は「気にしない、平気である」。B "不以为然"bù yǐ wéi rán は成語で「同意できない」。
112	C	"直说"は「はっきり言う、直言する」。ABDは違う。C "直截了当"zhí jié liǎo dàng は「はっきり、単刀直入に」の意の成語。
113	A	"摆架子"は「お高くとまる、偉そうにする」、A "自视清高"「お高くとまる」。B "向上爬"は立身出世しようとする、のし上がろうとする、C "跟人吵架"「人とけんかする」、D "捉弄别人"「人をからかう」。
114	D	"自以为"zì yǐwéi「自分だけが…だと思う」。"了不起"liǎobuqǐ「すばらしい、たいしたものである」。"翘尾巴"qiào wěiba「尻尾を立てる」から転じて「得意になる、いい気になっていばる」。A "伸大拇指"shēn dàmuzhǐ は称賛を表す。B "摇头"yáotóu は拒否・否定の意。C "脸红"liǎn hóng は恥ずかしがること。D "骄傲"jiāo'ào「うぬぼれる、傲慢である」。
115	D	問題文中の"笔"bǐはひとまとまりの金銭に用いる量詞、"沾光"zhānguāng は「恩恵にあずかる」。"外快"は"外水"とも言い、「正規の収入以外の収入、臨時収入」。

No.	問題文	問題文訳
116	请你别<u>怪</u>她。 A　怀疑 B　委托 C　迷惑 D　责备	どうか彼女をとがめないでください。 A　疑う B　任せる、依頼する C　惑わせる D　責める
117	人们都在<u>议论</u>这件事。 A　谈论 B　争论 C　审查 D　检讨	人々はこの事を議論している。 A　善し悪しを論ずる B　口論する C　詳細に観察する、審査する D　反省、自己批判する
118	他在公司很会<u>巴结</u>上司。 A　奉承 B　连接 C　讽刺 D　帮助	彼は会社で上司の機嫌をとるのがうまい。 A　お世辞を言う B　連なる、つなげる C　風刺する D　手伝う、援助する
119	如今最<u>受青睐</u>的行业是什么？ A　受委屈 B　能赚钱 C　有前途 D　受欢迎	今、最も人気のある職種はなんですか？ A　いやな思いをする B　金儲けができる C　将来性がある D　人気がある
120	他是个<u>直性子</u>，你别往心里去。 A　脾气暴躁的人 B　很顽固的人 C　性格坚强的人 D　性情直爽的人	彼はあけすけな性格なので、気にしないでください。 A　気性が荒々しく激しい人 B　頑固な人 C　性格が強靭な人 D　性格があけっぴろげな人

解答と解説		
116	D	"怪" guài は形容詞では「奇怪だ、変だ」、副詞では「実に」、"怪我"などの"怪"は動詞で「責める、とがめる、非難する」。ＡＢＣはいずれも違う。D"责备" zébèi「責める、とがめる」が正解。
117	A	"议论" yìlùn は人や事物の是非や善し悪しについて互いに意見を出し合うことで、"谈论" tánlùn と同義。このAが正解。B"争论" zhēnglùn は「(自分の意見に固執して)言い争う」、C"审查" shěnchá は「細かく観察する、審査する」、D"检讨" jiǎntǎo は「(自分の考えや言動を)反省する、検証する」で、ＢＣＤいずれも違う。
118	A	"巴结"「お世辞を言う、おもねる」。正解はA"奉承"「お世辞を言う、へつらう」。B"连接"「連ねる、つなげる」、C"讽刺"「風刺する」、D"帮助"「助ける、手伝う」。
119	D	"青睐"は「好意、好評」、"受青睐"で「人気がある、めがねにかなう」の意。したがって正解はD"受欢迎"。「人気がある」という言い方にはDがよく使われる。A"受委屈"「いやな思いをする」、B"能赚钱"「金儲けができる」、C"有前途"「将来性がある」。
120	D	"直性子"「さっぱりした人、あけすけな人」。D"性情直爽的人"「性格があけっぴろげである人」が正解。Aの"脾气暴躁的人"は「気性の荒々しい人」。

【第8部】読解問題

No.	問題文	問題文訳
121〜124	窗台上放着一盆花，旁边一只瓷瓶里插着几枝色彩艳丽的假花。假花瞧不起花盆里的真花，认为它们土里土气，不如自己美丽。 　　一天清晨，假花又在洋洋得意地炫耀自己漂亮的姿色。突然，下起了大雨。雨水打在印花纸做的假花上，假花害怕了，一个劲儿地埋怨雨不该下。 　　大雨过后，窗台上那盆花更加芬芳，更加柔嫩了。而纸花却失去了鲜艳的色彩，耷拉着脑袋。主人把它和垃圾一起扔了出去。	窓台には1鉢の花が置かれており、かたわらの花瓶には何本かの色鮮やかな造花が生けられていた。造花は植木鉢の生花をばかにし、生花は野暮ったくて、自分の美しさには及ばないと思っていた。 　　ある日の早朝、造花はまた得意満面で自分の美しい容貌をひけらかしていた。突然、大雨になった。雨は紙でできた造花にたたきつけるように降り、造花はおびえ、雨よ降るなとひたすら恨み言を言い続けた。 　　大雨が過ぎると、窓台の植木鉢の花は芳しさを増し、いっそうみずみずしくなった。しかし、紙の花のほうは鮮やかな色を失い、うなだれていた。主人は、それをゴミと一緒に捨ててしまった。

第3回

No.	問題文	問題文訳
121	假花为什么看不起真花？ A　因为它觉得自己比真花漂亮。 B　因为瓷瓶比花盆好看。 C　因为它觉得真花太洋气。 D　因为它觉得自己不如真花洋气。	造花はなぜ生花をばかにするのですか？ A　自分は生花よりきれいだと思っていたから。 B　花瓶は植木鉢よりもきれいだから。 C　生花はキザすぎると思っていたから。 D　自分は生花のバタ臭さにはかなわないと思っていたから。
122	大雨过后，发生了什么样的变化？ A　真花被大雨打坏了。 B　假花被大雨淋湿了，真花没被淋湿。 C　真花变得更得意了。 D　假花被扔掉了。	大雨のあと、どのような変化が起こりましたか？ A　生花は大雨に打たれてだめになった。 B　造花は大雨に濡れたが、生花は濡れなかった。 C　生花はますます得意になった。 D　造花は捨てられてしまった。
123	"耷拉着脑袋"的是： A　主人。 B　真花。 C　假花。 D　真花和假花。	「うなだれていた」のは： A　主人。 B　生花。 C　造花。 D　生花と造花。
124	"洋洋得意"中的"得"的发音是： A　dé B　de C　děi D　dēi	"洋洋得意"の"得"の発音は： A　dé B　de C　děi D　dēi

解答と解説		
121	A	「造花は植木鉢の生花をばかにし、生花は野暮ったくて、自分の美しさには及ばないと思っていた」とある。
122	D	最後の行に"主人把它和垃圾一起扔了出去"「主人はそれをゴミと一緒に捨ててしまった」とある。"它"はもちろん"假花"のこと。
123	C	"耷拉着脑袋"は「うなだれる」。この主語は問題文中では"纸花"となっているが、これは"假花"の別の表現。
124	A	"洋洋得意"「得意満面なさま」。"得"は助動詞の場合、動詞の場合、助詞の場合でそれぞれ発音が異なる。文中ではどの意味で使われているのか、注意して読みたい。

No.	問題文	問題文訳
125～127	百货公司里很拥挤，赵维建走到漂亮的女店员面前。 "先生，想买什么？" "我想跟你说几句话，可以吗？" "我很忙，你想说什么？" "什么都可以，因为我太太不见了，不过我跟漂亮的小姐谈话，她马上就会出现的。"	デパートの中は大変な人ごみだった。趙維建はきれいな女性店員の前に歩いて行った。 「お客様、何をお求めですか？」 「私はあなたと少しお話がしたいのですが、いいでしょうか？」 「私は忙しいのですが、あなたは何をお話しになりたいのですか？」 「何でも結構なんです。私は妻を見失ってしまったのです、でも私がきれいな女性と話をしていると、妻はすぐさま現れるはずなので。」
125	百货公司里： A 人很多。 B 人不太多。 C 人很少。 D 只有两个人。	デパートの中は： A 人が多い。 B 人はそれほど多くない。 C 人が少ない。 D ただ2人だけ。
126	赵维建在对谁说话？ A 自己的妻子。 B 女朋友。 C 客人。 D 售货员。	趙維建は誰と話しているのか？ A 自分の妻。 B 女友達。 C 客。 D 店員。
127	赵维建在找谁？ A 姐姐。 B 女店员。 C 女朋友。 D 妻子。	趙維建は誰を探しているのか？ A 姉。 B 女性店員。 C 女友達。 D 妻。

解答と解説		
125	A	"拥挤"は「混み合う」。正解は"人很多"のA。
126	D	"走到漂亮的女店员面前"「きれいな女性店員の前に行った」とあり、そして会話が始まっている。正解はD"售货员"「販売員、売り子」。
127	D	"因为我太太不见了"「妻が見当たらなくなった…」の"太太"tàitai は「妻」、"妻子"qīzi に同じ。

No.	問題文	問題文訳
128〜131	尊敬的夏老师： 　　您好！好久没给您去信了，请您原谅。 　　我大学毕业已经二十多年了，现在在一家电器公司工作。不久前，有个朋友向我提议办个电脑公司。我觉得这个提议很有吸引力，因为能拥有自己的公司一直是我的理想。但我也很矛盾：办呢，肯定会有风险；不办呢，又有点儿不甘心。我拿不定主意。 　　回想起大学时代，在实验室每天夜以继日地做实验的情景；回想起自己的理想，特别是老师一直教导我们的那句话："与其后悔没做，不如做了后悔。人生贵在进取。"我最后还是决定把自己放在一个新的起跑线上，向现在的自己挑战。想到这儿，我好像又变成了大学时代的我：踌躇满志，热血沸腾。 　　最后，谢谢老师的教诲。在我的人生中，老师的话将一直指引我不断努力和进取。 此致 敬礼 　　　　　　　　　　您的学生：杨建华 　　　　　　　　　　2000年8月1日	尊敬する夏先生： 　こんにちは。長らくのご無沙汰を、お許しください。 　大学卒業後すでに20年余、私は現在、ある電器会社で働いています。最近、友人の1人がコンピュータの会社を起こそうと持ちかけてきました。私はこの提案にとても魅力を感じました。というのも自分の会社を持つことが、ずっと私の理想でしたから。しかし、迷いました、始めたならリスクを伴うかもしれず、また始めなければ満足を得られない、と決めかねておりました。 　大学時代に実験室で昼も夜も実験に明け暮れていた情景を思い起こし、自分の理想と、特に先生が常に私たちを導いてくださったあの言葉を思い出したのです。「成さずに後悔するより、成して後悔するほうがましだ。人生のすばらしさは努力して向上を求めることにある」。私はやはり自分を新しいスタートラインに立たせ、今の自分に挑戦することに決めました。こう思うに至って、私はまた大学時代の私に戻ったようで、得意満面、意欲に燃えております。 　先生の教えに感謝いたします。私の人生において、先生のお言葉は一貫して私をたゆまぬ努力と向上へと導いてくださるものであります。 　　　　　　　　　　　　　　　敬具 　　　　　　　　　　学生：楊建華 　　　　　　　　　　2000年8月1日

第3回

No.	問題文	問題文訳
128	写信的人大学毕业后过了多少年？ A 整整20年。 B 不到20年。 C 快20年了。 D 20多年。	手紙を書いた人は大学を卒業して何年になるか？ A ちょうど20年。 B 20年未満。 C まもなく20年。 D 20年余。
129	老师的那句话是什么意思？ A 不能因为怕后悔而不做事。 B 不能做事就后悔。 C 做事以前应该好好儿考虑以免后悔。 D 做事以后必须认真总结经验。	先生のあの言葉はどういう意味か？ A 後悔を恐れて何もしないのはだめだ。 B 何かをして後悔するのはだめだ。 C 後悔しないため、何かをする前によく考えるべきだ。 D 何かをした後、真摯に経験を総括すべし。
130	写信的人最后做出了什么样的决定？ A 决心创业。 B 继续原来的工作。 C 回到实验室做实验。 D 在大学任教。	手紙の書き手は最終的にどんな決定を下したか？ A 創業を決心した。 B 元の仕事を継続する。 C 実験室の実験に戻った。 D 大学で教える。
131	这封信的内容是： A 表示歉意。 B 发出邀请。 C 请求批准。 D 表示感谢。	この手紙の内容は： A 遺憾の意を表明している。 B 招待している。 C 承認を求めている。 D 感謝の意を表している。

解答と解説		
128	D	"已经二十多年了"「すでに20年余になった」から正解はD。A "整整"は端数がないことで「まるまる」、C "快…了"は近未来を表す。
129	A	先生の言葉は定型呼応構文 "与其…不如～"「むしろ…よりも～のほうがよい」が鍵、「実行せずに後悔するより、実行して後悔する方がよい」。A "不能"は以下全体にかかり、「後悔を恐れるがゆえに実行しないのはだめだ」で、このAが正解。Cの "以免…" yǐmiǎn は「…しないですむように」。
130	A	先生の言葉の次に "我最后还是决定把自己放在新的起跑线上…" とあるところから、Aの「創業を決心した」が正解。
131	D	全文の内容は、最後の "谢谢老师的教诲"「先生のお教えに感謝する」に集約されている。"教诲" jiàohuì は「お教え」。D "表示感谢" が正解。

No.	問題文	問題文訳
132～134	本图书馆有各类藏书600余万册。馆内设有教师备课室、研究生资料室、学生阅览室及小型会议室等。有关图书借阅和图书馆使用说明如下： 一、凡我校师生均可凭借书卡借阅图书，教师限借30册，借期3个月，学生限借10册，借期两周。 二、如需复印古籍资料，须事先征得管理人员同意后，方可复印。 三、阅览室内有各种期刊、报纸，不办理外借手续。阅后请放回原位，要保持室内安静、整洁。 四、使用会议室，需提前24小时与办公室联系。	当図書館には各種蔵書が600万冊余あり、館内には教師用準備室、院生資料室、学生閲覧室及び小会議室などが設置されています。図書の貸し出しと図書館の利用については以下の通りです。 一、本校の教員と学生はすべて貸出カードで図書を借りられます。教員は30冊までで、貸出期間は3ヶ月、学生は10冊までで、貸出期間は2週間です。 二、古書資料の複写が必要な場合、事前に係員の同意を得れば、複写可能です。 三、閲覧室には各種の定期刊行物、新聞がありますが、貸出手続きは行っていません。閲覧後、元の場所に戻してください。室内では静粛に、整頓を心掛けてください。 四、会議室の使用は、24時間前に事務室へ連絡する必要があります。
132	本文第一行的"藏"应该念作： A　zàng B　cáng C　zòu D　zhàng	本文第1行目の"藏"の字はどう読みますか？ A　zàng B　cáng C　zòu D　zhàng
133	本图书馆： A　复印古书必须由管理人员操作。 B　没有学生阅览室。 C　杂志只能在馆内阅览。 D　教师不需借书卡便可借书。	本図書館は： A　古書のコピーは必ず職員が行う。 B　学生用の閲覧室はない。 C　雑誌は館内でしか閲覧できない。 D　教員はカードなしで借りられる。
134	借用会议室有什么条件： A　要提前一天跟办公室打招呼。 B　只限本校教师使用。 C　只能借用24小时。 D　需持有本人身份证。	会議室の借用にはどんな条件がありますか？ A　1日前に事務室へ言う。 B　本校の教員のみ使える。 C　24時間だけ使える。 D　本人の身分証明書が要る。

解答と解説		
132	B	"藏"は「隠す、隠れる」「貯蔵する、しまっておく」という意味のときは cáng と読む。"藏书" cángshū「蔵書」、"冷藏" lěngcáng「冷蔵する」。「蔵、倉庫」「経典」「チベット」という意味のときは zàng と読む。"宝藏" bǎozàng「宝の蔵」、"大藏经" Dàzàngjīng「大蔵経」、"西藏" Xīzàng「チベット」。
133	C	A 規則の二に「まず職員の同意を得て」とあるが、職員がコピーするとは書いていない。B 1行目に"馆内设有…"「館内に…がある」とあり、そこに学生閲覧室が出ている。C 規則三に"可种期刊、报纸，不办理外借手续"とあり、雑誌も含まれる。D 規則一に"师生均可凭借书卡借"とある。"凭" píng は介詞で「…によって、…を根拠に」。
134	A	会議室に関しては規則四に"需提前24小时与办公室联系"とあるだけで、他の記述はない。

No.	問題文	問題文訳
135〜137	李小伟写文章有个毛病，常常漏掉一两个字。遇到自己不会写的字，他既不查字典，又不问别人，总是图省事，干脆不写。为此，老师多次批评他，可他一直不改。 　有一次他在作文簿上写道："爸爸身体不好，我要给爸爸买人。我来到商店，看见盒子里有许多人，有壮的，有瘦的，有胖的……，我买了一个大的，把头剁下来，煮好了端给爸爸吃。" 　老师看完后，急忙找到李小伟，问他"你买的什么'人'给你爸爸吃？"李小伟不慌不忙地说："人参的参我不会写，把它省掉了。"	李小偉は文章を書くとき、欠点がある。しょっちゅう1、2字を抜かしてしまう。自分が書けない字にぶつかると、辞書を引くこともせず、人に聞くこともせず、いつも手間を省こうとして、いっそのこと書かない。そのため、先生は何度も彼を注意したが、一向に改めない。 　ある時、彼は作文帳にこう書いた。「父は体が悪いので、僕は父に人を買おうと思いました。お店に行くと、ケースにたくさんの人がいるのが目に入りました。強そうなもの、やせたもの、太ったもの……、僕は大きいのを1つ買い、頭をたたき切り、よく煮て父のところに運び、食べさせました。」 　先生は読み終わると、あわてて李小偉を探し、「あなたはお父さんに食べさせるのにどんな『人』を買ったのですか？」と尋ねた。李小偉は慌てず騒がず落ち着いてこう答えた。「人参の『参』の字、僕は書けないので省きました。」

第3回

No.	問題文	問題文訳
135	李小伟写作文时有个什么毛病？ A 遇到不会写的字不查字典，总是问别人。 B 总是把字写错。 C 遇到不会写的字总是图省事，问老师。 D 不会写的字就不写。	李小偉は作文を書くときにどんな欠点がありますか？ A 自分の書けない字にぶつかると、辞書を引かず、いつも人に聞く。 B いつも字を間違える。 C 自分の書けない字にぶつかると、いつも手間を省こうとして先生に聞く。 D 書けない字は書かない。
136	与本文内容相符的是： A 商店里买东西的人很多。 B 他给爸爸买了一些胡萝卜。 C 老师来看望自己的爸爸。 D 他给爸爸买了一些补品。	本文の内容と一致するものは： A 店には買い物客が多かった。 B 彼はお父さんにニンジンを少し買った。 C 先生は自分の父親を見舞いに来た。 D 彼はお父さんに滋養物を少し買った。
137	"人参"的"参"的发音是： A shēn B cān C sēn D cēn	"人参"の"参"の発音は： A shēn B cān C sēn D cēn

解答と解説		
135〜137		書けない字があると平気で書かずに済ませてしまう、という欠点を持つ李小偉。彼は作文で、健康のすぐれない父のため"人参"を買いに行ったことを書いたが…。子供の作文を題材にした笑い話。オチが分かるかどうか。
135	D	「自分の書けない字にぶつかると、彼は辞書を引きもしなければ人に聞きもせず、いつも手間を省こうとして書かない」とある。
136	D	ここでいう中国語の"人参"とは「朝鮮人参」のこと。したがって病気の父に飲ませる"補品"「滋養物」なので正解はD。Bの"胡萝卜"とは「(普通の)ニンジン」。
137	A	"人参"「朝鮮人参」。

No.	問題文	問題文訳
138 ～ 140	东方公司： 　　去年秋交会上双方签订的第8号合同项下红茶五百箱，贵方没有按规定开出信用证。虽经我方多次催促，至今仍未见办理。上述货物早已备妥，堆存仓库待运。由于你方久不履约，致使我方经济上蒙受很大损失。据此，上述合同不得不予以撤销。有关包装损失及仓储费用等共计人民币叁万元，应由你方负责赔偿。随函附上付款通知书一纸，希即将该款汇下。 　　　　　　　　　新华进出口公司 　　　　　　　　　×年×月×日	東方公司： 　　昨年の秋季交易会で双方が調印した第8号契約条項にある紅茶500箱、貴方は規定通りに信用状を発行しておらず、当方がたびたび催促したにも関わらず、今に至るも手続きされておりません。上述の貨物はすでに用意ができ、倉庫に積み上げ輸送待ちです。貴方は長きにわたり約束を履行せず、当方は経済的に大きな損失を蒙りました。よって、上述の契約を取り消さざるを得ません。包装に関する損失や倉庫保管費等合計3万人民元、貴方は賠償の責任を負わなければなりません。本状に支払い通知書1通を同封し、送付いたしますので、すぐに当該金額を送金願います。 　　　　　　　　　新華進出口公司 　　　　　　　　　×年×月×日
138	新华进出口公司要求对方： A　开出信用证。 B　备妥货物。 C　附上付款通知书。 D　寄来赔款。	新華進出口公司が相手方に要求しているのは： A　信用状を発行する。 B　貨物を用意する。 C　支払い通知書を付け加える。 D　賠償金を送ってよこす。
139	函中提到的红茶现在： A　存放在仓库里。 B　没货。 C　已经交给了对方。 D　正在运输中。	手紙の中で取り上げている紅茶は現在： A　倉庫に保管してある。 B　品物はない。 C　すでに相手方に手渡した。 D　輸送中。
140	新华进出口公司为何要求撤销第8号合同？ A　因为未收到信用证。 B　因为未收到红茶。 C　因为对方没有提供仓库。 D　因为对方要求赔偿三万元人民币。	新華進出口公司はなぜ第8号契約の取り消しを要求しているのですか？ A　まだ信用状を受け取っていないから。 B　まだ紅茶を受け取っていないから。 C　相手方が倉庫を提供していないから。 D　相手方が3万人民元の賠償金を要求しているから。

解答と解説		
138	D	問題文は、昨年の秋季交易会で結んだ契約について、契約後の経過が記されたあと、"…，应由你方负责赔偿。随函附上付款通知书一纸，希即将该款汇下"「…、貴方が賠償の責任を負わなければならない。本状に支払い通知書一通を同封し送付するゆえ、すぐに当該金額を送金願う」とあり、賠償金の送金を求めていることが分かる。したがって正解はD"寄来赔款"「賠償金を送ってよこす」。"函"は手紙のこと。なお"秋交会"は春、秋の年2回広州市で開かれる交易会のうち、秋に行われるもの。
139	A	"上述货物早已备妥，堆存仓库待运"「上述の貨物はすでに用意でき、倉庫に積み上げ、輸送待ちである」とある。
140	A	「去年の秋季交易会で双方が結んだ第8号契約にある紅茶500箱、貴方は規定どおりに信用状を発行してはおらず、…これにより、上述の契約を取り消さざるを得ない」とあり、信用状が届かないことが原因で契約の取り消しを求めていることが分かる。"为何"は「なぜ、どうして」（＝"为什么"）の書面語。

349

リスニング問題を解くヒント

即断即決が成功のカギ

　TECC はリスニング問題から始まります。リスニング問題は全部で70問、35分がこれに当てられます。始めに問題番号が中国語で読まれ、続いて選択肢または問題文が読まれると、合図の信号音が鳴ります。

　読む回数は第1部の「基本数量問題」が2度、第2部〜第4部は1度のみとなります。これは実際のコミュニケーションの場でも電話番号や時間、金額などは、確認のために繰り返し言ったり聞きなおしたりすることがよく行われるからです。一方、日常のおしゃべりやラジオのニュースなどは同じ文章がその場でそっくり反復されることはありません。このようにテストは私たちが実際に中国語でコミュニケーションする際に行う作業を再現したものとなり、そのため中には日常会話での自然な速さや、アナウンサーがニュースを読み上げるようなスピードで流れるものもあります。

　設問の間隔は7〜10秒なので、マークシートにマークする時間を考えると、聞き取ると同時に答えを決めるくらいでなくては録音のスピードについていけません。とにかくその場で答えを出し、すぐに頭と気持ちを切り替えて次の問題に進みましょう。済んだ問題に心を残さず、前向きに取り組むことが成功のカギとなります。

残った時間を有効利用

　前の問題の残り時間を利用して次の問題の設問や選択肢にざっと目を通しておくこともお勧めです。第2部「写真問題」ではあらかじめ何が写っているのかを把握しておけば、落ち着いて選択肢を聞くことができます。

　第3部「会話形成問題」では印刷された会話文から登場人物や場面、状況などの予備知識を得ることができます。これらは実際のコミュニケーションの場に身を置く当事者にとっては会話の前提となっているものです。

　また第4部「会話散文問題」では、次に流れる音声のどこをしっかり聞くべきか、そのポイントを知ることができて、大きなヒントとなります。問題に即断即決で答えていけば、次の設問や選択肢を読む余裕ができて有利です。

各部のポイント

【第1部】基本数量問題　日常生活に密着したさまざまな数が出題されます。まず1と7、4と10と11などの紛らわしい音の弁別、声調の弁別ができること。そのうえで年月日・時間・電話番号・小数・分数・パーセンテージや簡単な計算式などが聞いて分かるようにしておきます。また、重さや長さ、面積・体積、温度や金銭などの単位も音で覚えておきましょう。大きな数を粒読みするときの約束事や、位をつけて読むときのゼロの扱いなどもマスターしておくこと。

【第2部】図画写真問題　「図画問題」では身の回りの物やよく行う動作を中国語で何と言うかが出題されます。教室で習う単語の範囲を越えて、日常生活でごく普通に目にする物の名前や動作を、文字を介さずに聞いて分かるようにしておきます。「写真問題」では、写っているモノを説明したり描写したりする"是"構文、存現文、進行形の文などに加え、これらの文に頻出する動詞、たとえば物を位置づける動作を表す"放""贴""挂""摆"に類するもの、人・物の静止的動作を表す"坐""站""排""靠"に類する動詞を身につけておくこと。また屋外でよく見かける乗り物や建物、スポーツなどの名称も音で覚えておきましょう。

【第3部】会話形成問題　会話に参加して、正しく受け答えができるかが問われます。まず印刷されているセリフから会話の場面や話題、状況などをすばやく汲み取ること。その上で選択肢を聞き、前のセリフとかみ合うものを選びます。呼びかけのことばから相手との関係が分かるように、また決まり文句などから場面を特定できるように、時間詞・副詞・助詞・助動詞などからいつのことを話題としているのか分かるようにしておくこと。実際の会話はとても自由なもの。会話の中では質問に対してストレートに答えを返すとは限りません。臨機応変かつ柔軟に取り組みましょう。

【第4部】会話散文問題　長さのある会話や散文を聞いて、その内容が理解できたかどうかを見ます。「会話問題」ではごく短いセリフのやりとりから、何についての話なのか、どんな場面なのかを即座に判断しなければなりません。ここでも人間関係や場面を特定するキーワードをとらえる力が要求されます。「散文問題」では乗り物内でのアナウンスやデパート・公園などでの案内のほか、笑い話や街の話題なども読まれます。文中の数や場所、時間、それに誰が何をどうしたかを押さえながら聞いていきます。正解選択肢は問題文で使われた語句そのままではなく、別の表現に置き換えられていることがよくあります。1つのモノ・コトに対する異なった表現を知っておきましょう。

リーディング問題を解くヒント

事前準備がモノをいう

　リーディング問題は全部で70問、これを45分という限られた時間で解いてゆかねばなりません。日ごろの学習では、ひとつひとつの問題にじっくり取り組むことは悪いことではありませんが、TECCではどんなに力があっても、それを与えられた時間内で発揮できなければ得点には結びつきません。実力を発揮するには出題形式に十分慣れておくことが必要です。試験場で初めて問題を見たというのでは話になりません。特にリーディング問題はリスニング問題と異なり、解答ペースは自分自身にゆだねられています。自分のペースで解答できる反面、どの問題にどれくらい時間をかけるのか、あらかじめ心積もりをしておかないと、いたずらに時間だけが経ってしまうことになりかねません。

　リーディング問題の最初は、第5部の「語順問題」10問です。これはリーディング問題のうち最も基本的な問題ですから、その直前の第4部「会話散文問題」を解いた後では、易しく感じるでしょう。そこで安心してペースを落としてしまい、時間が足りなくなったという受験者が多くいます。大切なことは、必ず過去の問題に取り組み、出題形式に慣れておくことです。実際の問題に何度かあたっておけば、リーディング問題も第6部、第7部、第8部と進むにしたがって解答に時間がかかることが分かるはずです。また、得意分野や苦手な分野を客観的に把握できるようになります。その上で、試験当日までに文法書や辞書、単語集などで弱点を少しでも補強しておけば、安心して本番に臨めるでしょう。レベルの如何によらず、自分にとって最適な時間配分を知り、実力を余すところなく発揮するためにも事前準備は大切です。

ペースを守る

　リーディング問題では、上級者でもほとんど見直す余裕がありません。かなりハイペースで取り組むことになるはずです。「ゆっくり、慎重に」という解答方法は向きません。そこで事前準備でペース配分を考える際には、うまくメリハリをつけることが必要になってきます。

　本番ではあれこれ迷っていると、時間がすぐなくなってしまいます。迷った時はとりあえず答えを出し、先に進み、自分の解答ペースを崩さないように心がけましょう。45分を出題数の70問で割って、解答時間を見積もることは無意味です。基本的には「語順問題」や1文からなる「補充問題」は速読即決の方針で進め、「語順問題」はだいたい5分、「補充問題」は10分くらいで終えるようにしたいものです。「補充問題」の文

章題や「語釈問題」は「語順問題」より少し時間がかかりますが、1つの問題にだけ拘泥することは避け、考えても分からないときは、気持ちを切り替えて先に進み、最後にまた戻って考えるようにします。「読解問題」では、さまざまなジャンルの長文が出題されますから、ここではあまり出題の順番にこだわらないほうが効率的でしょう。まずすべての文章をさっと眺め、自分の取り組みやすい文章から解答していく方法がお勧めです。

各部のポイント

【第5部】語順問題　コミュニケーションに欠かせない手紙やメモを書く、そのために必要なのは、正しく文を組み立てる力、言葉を正しい順序で並べることです。第5部では中国語の文の基本構造を把握し、副詞や時間詞、補語と目的語の語順、否定の仕方など、固定した語順を身につけて日本語の語順に惑わされない力があるかどうかが試されます。

　特に否定辞"不""没"の位置には注意が必要です。「この文を否定形にするにはどうするか」などを考えながら文型を学習することは、文法力を高めるために有効です。また補語と目的語の語順に関する問題は、毎回必ず出題されていますから、"吃过一次烤鸭""休息一天""坐进教室来"のような動量補語と目的語、時量補語と目的語、方向補語と目的語の語順はきちんと押さえておきましょう。

【第6部】補充問題　量詞、前置詞、副詞や各種の補語の用法、類義語の弁別や、成語などの総合的な文法力が試されます。類義語の問題では、品詞や用法の違い、ニュアンスの違いまでしっかりと理解しておかないと正解は得られません。日本語で「少し」と訳出される"有点儿""一点儿""一会儿""一些"などはよく出題されますのであいまいな点は必ずチェックしておきましょう。また"受欢迎"「人気がある」、"点菜"「料理を注文する」などの組み合わせ連語や"先…，再～"「まず…、それから～」のような定型呼応構文もしっかり理解しておくことが必要です。そのほか方向補語の派生義の問題もよく出題されます。基本用法の空間移動のイメージをしっかり押さえておき、"醒过来"「意識が戻る」のような抽象的用法を問われても、迷わないようにしておきましょう。

【第7部】語釈問題　語彙の問題です。出題されるのは、生活の場で使用頻度が高いものに限られます。話し言葉でよく使われる表現や慣用句などの意味が問われ、めったに

使われない難解な語は出題されません。ここでは単に語彙数や語彙力が試されるのではなく、その語彙を他の中国語で理解できるかが問われますから、新語、成語、慣用句などの意味が日本語で説明できても十分とは言えません。中日辞典だけでなく、日ごろから《现代汉语词典》のような中中辞典を引く習慣をつけたいものです。中中辞典では書面語も平易な語彙で説明されています。中中辞典を引くことが習慣になってくればしめたもの、自然に類義語の弁別問題にも強くなってきます。

【第8部】読解問題　読解問題には、新聞のコラム、商品の説明、新製品の広告、公共施設での注意事項、笑い話など、いろいろなジャンル、さまざまな文体の長文が出題されます。これらを読んで、正確に内容を把握できるかどうかが試されます。読解力は語彙、構文、文法すべての力を合わせた総合力ですから、自分の持つ力を総動員してすばやく文章の要点をつかみ、解答していきます。設問や選択肢には、本文とは別の表現が使われることも多いので要注意です。読解力アップには、日ごろからいろいろな文章にふれることが大切ですが、中国語の新聞や雑誌、書籍などは、実際にはなかなか入手できない学習者もいるでしょう。もし、インターネットが利用できる環境であれば、中国語の検索サイトなども積極的に活用してみてください。

月刊 聴く中国語 定期購読のご案内

リニューアルして大好評！使いやすくなりました。

月刊「聴く中国語」とは‥‥

ニュース、歴史、文化、芸能・芸術、古典作品など様々な角度から中国語にアプローチし、初級者から上級者まで幅広い学習者に対応した中国語学習情報誌です。また、中国語がわからなくても今の中国社会や伝統文化の理解に役立つ"読み物"として多くの読者に親しまれています。

リスニング学習が楽しみになる、ネイティブ朗読音声CDと中国人気ドラマDVD 付

購読期間	定期購読価格
1年（12冊）	¥15,804 → ¥13,000
2年（24冊）	¥31,608 → ¥24,500
3年（36冊）	¥47,412 → ¥36,000

B5／132頁／CD・DVD付
定価 ¥1317（税込）／毎月9日発売
全国書店で絶賛発売中

1年購読の場合、1冊あたり、237円もお得！

アイハラ シゲル
相原 茂 先生　中国語コミュニケーション協会代表

毎月来てくれる「中国の友人」です。

外国語が出来るようになるコツは「その外国語から離れないこと」だと思います。日本語なら、新聞があり、テレビのニュースがあり、人が日本語で語りかけてきます。では中国語は？自分でそんな「縁」や「しくみ」を作らなくてはならないのです。私にとって『聴く中国語』は、月に一回私を訪ねてきてくれる話題豊富な「中国の友人」です。彼が来るとしばらくの間私の心は中国語で満たされます。

読者から寄せられた声

ドラマDVDが面白く、毎号楽しみにしています。
東京都 20代 女性

CDのナレーション・朗読がとても臨場感があって気に入っています。聴いていて飽きません。
北海道 50代 女性

『中国語でニッポンを語ろう』のコーナーのおかげで、中国人の友人に日本の文化を中国語で紹介できるようになりました。
高知県 20代 男性

定期購読しています。お陰様で通訳案内士試験に合格しました。
神奈川県 30代 女性

北京大学の先生にすすめられて購入しました。短期留学後の学力維持のために活用しています。
千葉県 20代 女性

内容が充実し、聴き取りだけでなく読み物としても読み応えがあります。また、ほとんどのコーナーで重要単語や関連単語の説明があるので教材としての価値がとても高いと思います。各コーナーは毎回テーマに沿って関連があり、内容もよく吟味されていると思います。
新潟県 40代 男性

中国の生活習慣や文化を取り上げる「中国大接近」がおもしろい。中国人のお客様との会話の話題作りに役立っています。
大阪府 30代 男性

ご注文番号：**03-5984-3216**　㈱日中通信社

振込先：■銀行口座：みずほ銀行 桜台支店（普）1609295

付属ＣＤ（２枚組）のご案内

巻末にリスニング問題のＣＤが２枚付いています。

●ＣＤ１枚目＜第１・２回＞
　（収録内容）
　　第１回リスニング問題　　　　　タイトル表示：トラック１〜トラック４
　　第２回リスニング問題　　　　　タイトル表示：トラック５〜トラック８

●ＣＤ２枚目＜第３回＞
　（収録内容）
　　第３回リスニング問題　　　　　タイトル表示：トラック１〜トラック４

＊お客様が使われている再生機器によっては、タイトルが表示されない機器もあります。
ＣＤ＜第１・２回＞は「第１回リスニング問題」、「第２回リスニング問題」の順番で再生されます。

TECC 精選過去問題集

2014年4月30日　初版第1刷発行

編集	中国語コミュニケーション協会
監修	相原　茂
発行所	合同会社　LPエデュケーション
	〒104-0061　東京都中央区銀座 4-12-17 銀座石川ビル9階
	電話：03-3524-7241　FAX：03-6868-6505
発売所	株式会社　星雲社
印刷	株式会社　ワコープラネット

©2014　中国語コミュニケーション協会　Printed in Japan
ISBN 978-4-434-19236-4

乱丁・落丁本はお取り換えいたします。